中国农业科学院智库报告
中国农业发展战略研究院智库报告

中国农业农村低碳发展报告

（2024）

REPORT ON LOW-CARBON AGRICULTURAL AND
RURAL DEVELOPMENT IN CHINA (2024)

中国农业科学院农业农村碳达峰碳中和研究中心
中国农业科学院农业环境与可持续发展研究所　编著
农业农村部农业农村生态环境重点实验室

社会科学文献出版社
SOCIAL SCIENCES ACADEMIC PRESS (CHINA)

本书得到

中国农业科学院科技创新工程、中国工程院

战略咨询项目和中央级公益性科研院所基本

科研业务费专项资助，特此感谢！

指导委员会

顾　　问　吴孔明　杨振海

主　　任　叶玉江

成　　员　梅旭荣　赵立欣　李新海　孟海波　林克剑
　　　　　胡向东

编著委员会

主　　任　梅旭荣

副 主 任　赵立欣　郝志强　郝卫平　高清竹　陆美芳
　　　　　姚宗路

主 编 著　梅旭荣　高清竹　姚宗路　秦晓波

编著人员　（按姓氏笔画排序）
　　　　　丁　勇　丁武汉　干珠扎布　于昭洋　马　宁
　　　　　马　欣　王　斌　田　野　　朱志平　刘　刘
　　　　　刘　丽　刘　硕　刘　静　　李　虎　李迎春
　　　　　李奇辰　张一然　张雅楠　　陈明江　罗　娟
　　　　　郑　莹　赵　芬　胡国铮　　夏　旭　常　春
　　　　　常乃杰　康佳浩　韩　雪　　蔡岸冬　薛　平
　　　　　霍丽丽　魏　莎

前　言

2024 年中央一号文件强调，推进中国式现代化，必须坚持不懈夯实农业基础，推进乡村全面振兴。强国必先强农，农强方能国强，生态低碳是方向。2023 年，《关于全面推进美丽中国建设的意见》指出，要深入推进绿色低碳发展，推动能耗双控逐步转向碳排放总量和强度双控，加强绿色科技创新，支撑农业等全领域绿色低碳转型。近年来，我国低碳农业科技创新日新月异，农业碳排放强度平稳下降。低碳发展标准化工作持续深入，产品碳足迹定量核算及低碳园区评价体系逐步完善，《农业农村减排固碳实施方案》稳步落实，一批低碳技术得到推广应用，从而有效支撑了农业绿色低碳高质量发展。

在中国农业科学院的领导和支持下，中国农业科学院农业农村碳达峰碳中和研究中心牵头开展专题研究，组织撰写了《中国农业农村低碳发展报告（2024）》，全面梳理了低碳基础理论和技术创新研究进展，提出了低碳农业定量评价方法和标准化体系建设建议，最后列举了农业农村低碳发展的典型案例，以期为相关部门决策者、领域专家学者和广大读者提供借鉴和参考。

目　录

第一章
我国农业温室气体排放现状

摘　要：　自 2005 年起，我国政府共向联合国气候变化框架公约理事会提交了 7 次全国温室气体排放变化情况。我国温室气体排放主要来源于能源活动、工业生产过程、农业活动和废弃物处理四大领域。2023 年 12 月，中共中央、国务院发布《关于全面推进美丽中国建设的意见》，提出要积极稳妥推进碳达峰碳中和，推动能耗双控逐步转向碳排放总量和强度双控，加强碳排放双控基础能力建设和制度建设，促使我国碳排放强度持续降低。

温室气体排放总量尚未达峰，增长速度明显放缓。当前，我国人为活动温室气体排放量总体上呈现增加趋势，随着产业结构加速调整和能源领域低碳发展，温室气体排放控制已取得明显效果。2005~2018 年 13 年间，我国温室气体排放年均增速为 3.8%，其中 2017 年、2018 年平均增速为 1.8%，温室气体排放增速呈明显放缓的迹象。

农业温室气体排放平稳降低，化肥减量成效显著。1994~2018 年，我国农业活动温室气体排放总量经历了快速增长期和平稳下降期。与 2012 年相比，2018 年农业温室气体排放总量（7.93 亿吨 CO_2e）减少了 1.46 亿吨 CO_2e，这主要得益于一系列农业产业高质量发展和低碳政策措施的实施，如起始于 2015 年的化肥农药零增长政策。农用地氧化亚氮排放大幅降低证明了一系列措施的显著成效。

农业低碳高质量发展，碳排放强度持续下降。在农业科技创新和强有力政策措施保障下，我国农业实现低碳高质量发展。2005~2018 年，我国农业 GDP 从 2.27 万亿元增加到 6.47 万亿元；同时，万元农业 GDP 对应的农业活动碳排放强度也由 3.33 吨 CO_2e 下降到 1.17 吨 CO_2e，低于主要发达国家（德国 3.32 吨 CO_2e，美国 5.58 吨 CO_2e），这表明我国农业活动对全国温室气体减排做出了重要贡献。

一　我国温室气体清单解读

《联合国气候变化框架公约》（以下简称《公约》）于 1992 年在联合国大会通过，《公约》要求各缔约方提供温室气体排放源和吸收汇的国家清单，促进有关气候变化和应对气候变化的信息交流。我国政府于 2023 年 12 月底向联合国气候变化框架公约秘书处提交了第四次国家信息通报和第三次两年更新报告，分别报告了我国 2017 年和 2018 年的温室气体排放状况，并按要求对国家自主贡献基年（2005 年）温室气体排放与吸收进行了回算。根据报告数据，2017 年和 2018 年我国碳排放总量分别为 128.08 亿吨 CO_2e 和 130.35 亿吨 CO_2e（不包括土地利用、土地利用变化和林业的吸收汇，即不包括 LULUCF 的吸收汇）。如果包括土地利用、土地利用变化和林业（LULUCF）的吸收汇，2017 年和 2018 年我国碳排放总量分别为 115.50 亿吨 CO_2e 和 117.79 亿吨 CO_2e。至此，我国政府共报告了 7 次全国温室气体排放变化情况。从历次温室气体排放量变化来看，我国人为活动温室气体排放量总体上还呈现增加趋势，温室气体排放总量尚未达峰，在不考虑 LULUCF 的情况下，2005～2018 年 13 年间，我国温室气体排放年均增速为 3.8%，其中 2017 年、2018 年平均增速为 1.8%，温室气体排放增速呈现明显放缓的迹象。我国历年温室气体排放总量如图 1-1 所示。

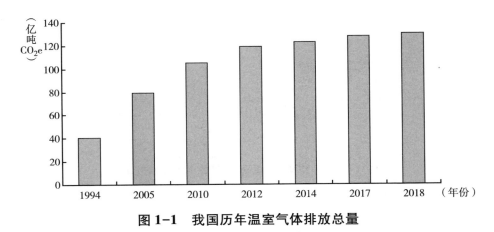

图 1-1　我国历年温室气体排放总量

注：不包括 LULUCF 部门吸收汇。

从温室气体排放来源构成来看，2018 年，我国温室气体排放主要来源于能源活动、工业生产过程、农业活动和废弃物处理四大领域（见图 1-2）。其中能源活动排放 101.55 亿吨 CO_2e，占全国温室气体排放总量的 77.9%。工业生产过程是我国第二大温室气体排放源，其排放量为 18.87 亿吨 CO_2e，占全国温室气体排放总量的 14.5%。农业活动是我国第三大温室气体排放源，2018 年我国农业活动造成的甲烷（CH_4）和氧化亚氮（N_2O）排放折合成二氧化碳当量为 7.93 亿吨 CO_2e（不包括农业生产活动中能源消耗造成的二氧化碳排放），约占全国温室气体总排放的 6.1%。

通过比较 2005～2018 年的排放来源构成可知，我国温室气体排

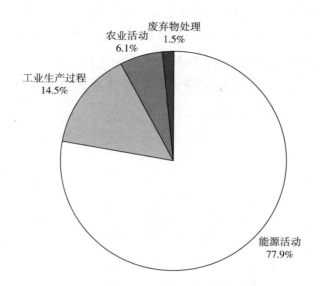

图1-2 2018年我国温室气体排放领域构成

注：不包括LULUCF部门吸收汇。

放的增量主要来源于能源活动和工业生产过程导致的排放。2005～2018年，我国温室气体排放增长了50.54亿吨CO_2e（不包括LULUCF的吸收汇），其中能源活动排放增量为39.03亿吨CO_2e，工业生产过程排放增长10.22亿吨CO_2e，两类活动温室气体排放增量占比达到97.4%。与2017年相比，2018年我国温室气体排放增长了2.28亿吨CO_2e（不包括LULUCF的吸收汇），其中能源活动排放增量为1.65亿吨CO_2e，主要源自发电和供热量上升；工业生产过程排放增量为0.86亿吨CO_2e，主要是水泥熟料、石灰、煤制甲醇等产量增长，以及空调、冰箱和工商制冷消费量增长导致的。

从温室气体排放构成看，2018年我国CO_2、CH_4和N_2O三种温室气体排放占比分别是83.6%、9.7%和4.6%，合计占比为97.9%，说明这三种温室气体是关键排放源。CO_2排放总量为108.96亿吨，其中化石燃料燃烧排放、非金属矿物制品生产过程排放占比较大，分别为 86.3% 和 9.1%；CH_4 排放总量为 6013.2 万吨，其中煤炭开采和油气系统逃逸、动物肠道发酵以及水稻种植的排放占比较大，分别为 42.1%、16.9% 和 14.6%，这三类活动是甲烷排放的主要来源；N_2O 排放总量为 191.4 万吨，其中农用地排放和己二酸生产过程排放占比大，分别为 37.6% 和 17.4%。

通过比较多年温室气体排放数据可知，随着产业结构加速调整和能源领域低碳发展，我国温室气体排放控制已取得明显效果，单位国内生产总值（GDP）的碳排放强度呈现持续下降趋势，万元 GDP 碳排放强度已经由 2005 年的 4.26 吨 CO_2e 下降到 2018 年的 1.42 吨 CO_2e。通过同口径比较农业总产值与农业活动的温室气体排放可知，其排放强度也呈下降趋势，万元农业总产值对应的农业活动碳排放强度已经由 2005 年的 3.52 吨 CO_2e 下降到 2018 年的 1.17 吨 CO_2e（见图 1-3）。2023 年 12 月，中共中央、国务院发布《关于全面推进美丽中国建设的意见》，提出要积极稳妥推进碳达峰碳中和，推动能耗双控逐步转向碳排放总量和强度双控，加强碳排放双控基础能力建设和制度建设，促使我国碳排放强度持续降低。

由于人口基数较大，我国人均碳排放量仅为 9.34 吨 CO_2e，略低于德国，远低于美国（见表 1-1）。考虑到发展阶段和经济发展水平，我国单位 GDP 碳排放强度与发达国家相比仍有较大的下降空间，2018 年我国单位 GDP 碳排放强度分别是德国和美国的 4.58 倍和 3.16 倍。

2018 年，我国温室气体排放总量中农业活动排放占 6.08%，比美国和德国的占比都低。将我国农业碳排放强度与美国、德国进行对比分析，可以看出，虽然我国农业 GDP 的占比（7.00%）显著高于美国和德国，但单位农业 GDP 碳排放强度却相对较低，低于德国和美国，这进一步表明了我国农业活动对全国温室气体减排的贡献。

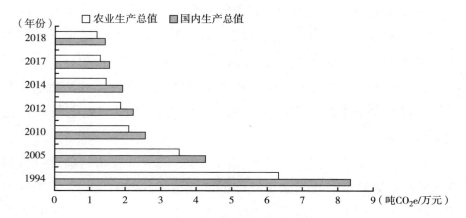

图 1-3　单位国内生产总值和单位农业生产总值碳排放强度变化趋势

注：不包括 LULUCF 部门吸收汇。

表 1-1　2018 年中国、美国和德国碳排放强度对比

指标	中国	美国	德国
人口（亿人）	13.95	3.37	0.83
GDP（万亿元）	91.93	138.45	27.00
农业 GDP（万亿元）	6.47	1.25	0.19
人均 GDP（万元）	8.14	42.34	32.56
农业 GDP 占比（%）	7.00	0.90	0.70
人均碳排放量（吨 CO_2e）	9.34	19.73	10.43
碳排放量（亿吨 CO_2e）	130.35	66.48	8.66
农业碳排放（亿吨 CO_2e）	7.93	6.98	0.63
农业碳排放占比（%）	6.10	10.50	7.27
单位 GDP 碳排放强度（吨 CO_2e/万元）	1.42	0.45	0.31
单位农业 GDP 碳排放强度（吨 CO_2e/万元）	1.17	5.58	3.32

资料来源：国家统计局，美国农业部 ERS 网站，德国联邦环境、自然保护和核安全部。

二　我国历年农业温室气体排放情况

按照联合国政府间气候变化专门委员会（IPCC）的要求，农业活动只报告 CH_4 和 N_2O 两类温室气体排放，2018 年我国农业温室气体排放总量为 7.93 亿吨 CO_2e（见图 1-4），这两类温室气体主要来源于动物肠道发酵、动物粪便处理、水稻种植和农田施肥。其中，动物肠道发酵温室气体排放 2.28 亿吨 CO_2e，占农业总排放的 28.75%；动物粪便处理温室气体排放量为 1.40 亿吨 CO_2e，占农业总排放的 17.65%；水稻种植排放 1.96 亿吨 CO_2e，占农业总排放的 24.72%；农田施肥温室气体排放 2.23 亿吨 CO_2e，占农业总排放的 28.12%；秸秆田间焚烧排放的温室气体量为 0.06 亿吨 CO_2e，仅占农业总排放的 0.76%。

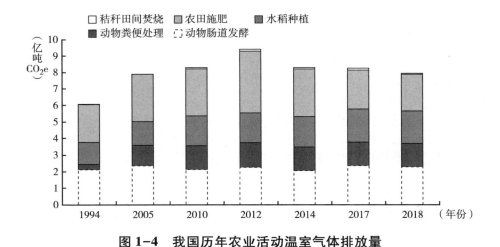

图 1-4　我国历年农业活动温室气体排放量

注：不包括 LULUCF 部门吸收汇。

从发展趋势来看，我国农业活动温室气体排放总量从 1994 年快速增长到 2012 年，之后逐渐下降。相比于 2012 年，2018 年我国农业温室气体排放量减少了 1.46 亿吨 CO_2e，占全国总排放量的比例也由 7.89% 下降到 6.10%，这主要源于农用地 N_2O 排放的减少。因此，随着农业产业的高质量发展和低碳政策措施的实施，我国农业温室气体排放经历了先增加后平稳降低的历史过程。其中，作为农业温室气体排放主要来源的农田施肥，其温室气体排放量波动较大，从 1994 年的 2.29 亿吨 CO_2e 变化到 2018 年的 2.23 亿吨 CO_2e，2012 年排放量最多，为 3.78 亿吨 CO_2e，其在农业总排放中的占比也从 40.26% 降为 28.12%。而水稻种植温室气体排放量近年来则一直呈现缓慢增长的趋势，在 2017 年达到了 2.33 亿吨 CO_2e，但在 2018 年略微下降为 2.23 亿吨 CO_2e。

畜牧业（包含动物肠道发酵和动物粪便处理）也是重要的农业温室气体排放源，我国畜牧业碳排放总量从 1994 年的 2.46 亿吨 CO_2e 增加到 2018 年的 3.68 亿吨 CO_2e，累计增长了 49.59%。从排放组成来看，动物肠道发酵 CH_4 排放量在 2.23 亿吨 CO_2e 附近呈现规律性上下波动；而动物粪便处理的温室气体排放量从 1994 年 0.32 亿吨 CO_2e 的低水平持续增长到 2012 年 1.47 亿吨 CO_2e 的高排放之后，维持在了 1.40 亿吨 CO_2e 的水平。

（一）我国农业活动甲烷排放

农业活动是重要的 CH_4 排放源，通过比较所有报告年度的 CH_4 排放情况可知，我国农业活动 CH_4 排放呈现缓慢增加的趋势，总排放量从 1994 年的 3.61 亿吨 CO_2e 增加到 2017 年的 5.19 亿吨 CO_2e，增长率达到 43.8%，但 2018 年农业活动 CH_4 排放又小幅下降到 5.01 亿吨 CO_2e；相比其他排放源，农业活动 CH_4 排放占比呈现下降的趋势，从 1994 年的占比 50.1% 下降到 2018 年的占比 39.7%（见图 1-5），主要原因是能源活动导致的 CH_4 排放呈现持续增加的趋势。

农业活动中，动物肠道发酵 CH_4 排放峰值出现在 2005 年，其

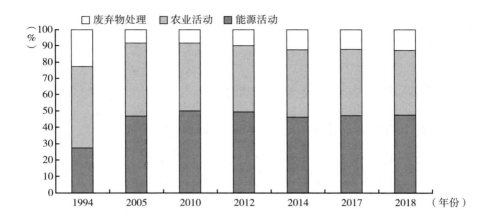

图 1-5 不同排放源导致 CH$_4$ 排放占比变化情况

CH$_4$ 排放达到 2.35 亿吨 CO$_2$e。2018 年的 CH$_4$ 排放量为 2.28 亿吨 CO$_2$e，但是主要畜产品（肉蛋奶）总产量从 2005 年的 1.22 亿吨增长到 2018 年的 1.49 亿吨，在畜产品总产量增长了 22% 的情况下，动物肠道发酵 CH$_4$ 排放总量还出现小幅下降，这表明我国单位畜产品温室气体排放强度呈现明显下降趋势。2005 年至 2018 年，我国水稻种植 CH$_4$ 排放呈现缓慢增加的趋势，其排放量从 2005 年的 1.44 亿吨 CO$_2$e 增加到 2018 年的 1.96 亿吨 CO$_2$e（增加了 36.11%），而同期我国的稻谷产量从 2005 年的 1.81 亿吨增加到 2018 年的 2.12 亿吨（增长率为 17.13%），这表明我国水稻种植方向单位水稻产量的 CH$_4$ 排放呈现增加的趋势。

甲烷作为第二大温室气体排放源，具有增温潜势高、寿命短的特点，积极稳妥有序控制 CH$_4$ 排放，兼具减缓全球温升的气候效益、能源资源化利用的经济效益、协同控制污染物排放的环境效益以及减少生产事故的安全效益。因此，控制 CH$_4$ 排放已成当前国际热点。2023 年 11 月，生态环境部联合 11 部门发布《甲烷排放控制行动方案》，要求种植业、养殖业单位农产品 CH_4 排放强度稳中有降，从现有数据分析来看，需要重点关注稻田 CH_4 减排技术的基础研究和技术推广应用。

（二）我国农业活动氧化亚氮排放

农业活动是最重要的 N_2O 排放源，通过比较所有报告年度的 N_2O 排放情况可知，其总排放量从 1994 年的 2.44 亿吨 CO_2e 增加到 2012 年的 4.57 亿吨 CO_2e，而到 2018 年又降低到 2.92 亿吨 CO_2e；农业活动 N_2O 排放主要来源于农用地氮肥施用，其占农业活动排放的 76.4%~93.9%。受农用地 N_2O 排放量年际波动较大的影响，其排放总量也呈相一致的波动。相比其他排放源，农业活动 N_2O 排放占比呈现波动下降的趋势，从 1994 年的 92.4% 下降到 2018 年的 49.2%（见图 1-6），主要原因一是农业部门推行化肥减量行动，全国化肥施用量实现负增长；二是能源活动和工业生产过程导致的 N_2O 排放呈现持续增加的趋势。

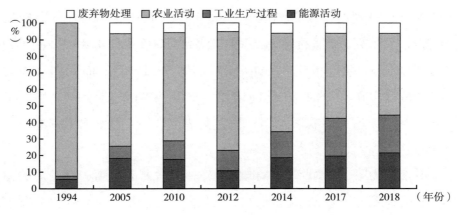

图 1-6　不同排放源导致 N_2O 排放占比变化情况

第二章
低碳科技创新研究进展

摘　要：　　科学技术是第一生产力，农业农村低碳发展离不开科技创新的支撑和重大基础理论的突破。近年来，我国全社会研发经费投入强度从 2.1% 提高到 2.5% 以上，科技进步贡献率提高到 60% 以上，创新支撑发展能力不断增强，创新驱动发展战略深入推进。虽然我国在粮食连年增产的情况下仍实现了碳排放量的减少，但为了保障粮食和重要农产品稳定安全供给，农业农村低碳转型仍需科技创新支撑。本章全面汇总了近年来我国农业科技工作者围绕农业产值提升、生态环境优化、温室气体减排和土壤增汇开展的大量研究，并凝练了存在的问题和政策建议。

气候智慧型丰产增效技术推动农业绿色低碳发展。在种植业节能减排方面，我国学者研发了有效生物菌剂/甲烷抑制剂、秸秆催腐、高产低排品种和优化灌溉等关键技术，对稻田甲烷和农田氧化亚氮产生过程与抑制机制进行了探讨，并提出了气候智慧型丰产增效种植体系；在养殖业减排降碳领域，研究了畜禽日粮中添加枯草芽孢杆菌和马莱亚苜蓿提取物等饲料添加剂、牛粪和三叶草的厌氧消化等饲喂和粪便处理过程减排技术及效应；农田土壤固碳方面，我们的主要技术较为传统，缺乏前瞻性的技术创新，且面临着家底不清、评估核算模型和方法不成熟等问题。

农畜牧业废弃物综合利用引领可再生能源替代低碳化进程。以秸秆捆烧供暖、成型燃料、沼气/生物质燃料、秸秆炭气联产、智能农机渔机等技术为代表的农业农村可再生能源开发利用，加快了我国农村生活低碳化进程。面对区域生物质能利用支持政策不完善、废弃物收集难度大、受化石能源市场波动影响大等挑战，需加强可再生能源替代和农机节能减排的顶层设计、创新运营模式，推进示范试点与标准化体系建设。

以碳中和视角为出发点，突破减排固碳重大基础理论，构建碳排放监测、报告与核查体系，积极稳妥地推进低碳农业技术应用。"十四五"时期是我国农业现代化向农业绿色高质量发展的开端期，也是 2030 年碳达峰的关键期、窗口期。围绕保障国家粮食安全、农业绿色转型和农业农村碳达峰碳中和的战略要求，到 2025 年，农业农村减排固碳与粮食安全、乡村振兴、农业农村现代化统筹融合的格局要基本形成。要实现这个目标，必须基于碳中和视角，做好各项政策措施的顶层设计，以科技创新引领农业农村绿色低碳转型，在增强农业气候韧性的同时，通过碳排放监测、报告与核查体系的构建与完善，促进区域适用技术广泛应用。

一　种植业节能减排

（一）科技前沿进展、热点话题

2022 年 6 月发布的《农业农村减排固碳实施方案》（以下简称

《方案》）指出，在强化粮食安全保障能力的基础上，优化稻田水分灌溉管理，降低稻田甲烷（CH_4）排放；推广优良品种和绿色高效栽培技术，提高氮肥利用效率，降低氧化亚氮（N_2O）排放。《方案》强化了科技创新能力，助力减排固碳目标完成。为响应国家号召，2022 年 9 月，湖南省发布了《湖南省农业农村减排固碳实施方案》；2023 年 7 月，北京市、四川省和山西省也分别发布了各自的农业农村减排固碳实施方案，聚焦六大任务，开展十大行动。此外，其他地区（吉林省、重庆市以及甘肃省张掖市等）也发布了相应的农业农村减排固碳实施方案和相关政策措施。2023 年 11 月 7 日，生态环境部等 11 部门印发《甲烷排放控制行动方案》，强调将有序推进稻田甲烷排放控制。以水稻主产区为重点，强化稻田水分管理，因地制宜推广稻田节水灌溉技术，缩短稻田厌氧环境时间，减少单位稻谷 CH_4 产生和排放。改进稻田施肥管理，推广有机肥腐熟还田。选育推广高产、优质、节水抗旱水稻品种，示范好氧耕作等关键技术，形成高产低排放水稻种植模式。国家和地方一系列实施方案的推出，标志着我国农业农村减排固碳战略及农业温室气体管控行动的全面实施，为种植业重点减排领域的科技创新研究指明了方向。

（二）主流技术和突破性技术

1. 稻田甲烷减排

《方案》指出，稻田 CH_4 减排行动应以水稻主产区为重点，强化稻田水分管理，因地制宜推广稻田节水灌溉技术，提高水资源利用效率，减少甲烷生成；改进稻田施肥管理，推广有机肥腐熟还田等技术；选育推广高产、优质、低碳水稻品种，降低水稻单产甲烷排放强度。

作为第一大主粮作物，水稻在我国粮食和重要农产品稳定安全供给体系中占有举足轻重的地位，其低碳生产不仅关乎国家"双碳"战略的推进，更对国家粮食自给率提升、国民膳食营养改善和气候外交的实施意义重大。稻田也是我国 CH_4 主要排放源（1.87 亿吨 CO_2e），占我国农业活动 CH_4 排放总量的 40.1%。因此，面对水稻可持续生产、未来气候变化及气候外交的多重挑战，稻田 CH_4 减排要充分考虑水分、品种和菌剂产品等的综合运筹，以人为强化措施为主，辅以基于自然的解决方案，在确保水稻有效供给的同时减排固碳，实现水稻种植的可持续绿色高质量发展。

（1）国内进展

水稻生产主要集中于东南亚和南美洲等少数区域，中国、日本、韩国等国的相关研究基本代表了国际水稻 CH_4 减排的最高水平，尤其是我国自 20 世纪 80 年代开始长期研究，积累了大量经验，在稻田 CH_4 减排科技创新方面，已处于世界领先的水平。

有效生物菌剂。在抑制甲烷菌剂研究方面，我国主要进行了有效生物菌剂（EM）的研发。苗曼倩等（1998）在江苏稻田的试验首次揭示了 EM 的 CH_4 抑制效果（平均可达 59%）。王斌等（2014）在荆州的研究则发现 EM 可减排双季稻 CH_4 34.9%，同时增产 3.2%；王斌等（2015）和蔡威威等（2018）也发现了 EM 的氮素利用率提升和增产效应（3.9%~13.5%）。尽管 EM 具有一定的减排增产效果，但目前研究还较少，限制了其进一步推广应用。

秸秆催腐。众所周知，秸秆还田是最有效的土壤有机质补充方式之一，也是我国大力推行的保护性耕作措施，但新鲜秸秆还田将极大促进稻田 CH_4 的排放。为此，有学者研发了腐解剂、冬闲期还田、过腹还田和生物质炭资源化利用等不同还田技术和产品，以期缓解新鲜秸秆还田后 CH_4 大量排放的问题。我国农业部门也越来越多地将秸秆与微生物接种剂（细菌和真菌的混合物，旨在加速秸秆分解）结合起来，如 Liu 等（2019）针对稻麦轮作系统，采用了在小麦季将水稻秸秆与接种剂（微生物菌剂和金葵子菌剂）结合的方法，有效降低了轮作系统整体温室效应。另外，对于我国广泛分布的稻麦轮作系统，将秸秆施用时间从水稻季节转移到非稻季（小麦季）可以有效避免高 CH_4 排放，这种做法已被广泛应用。Qin 等（2023）对连续 40 年长期施肥试验的数据分析后也认为，秸秆施用和粪肥改良时机对提高水稻产量和降低碳足迹至关重要。

高产低排品种。良种是水稻丰产的保证。而水稻基因型、生长特性、通气组织传输能力的差异，使得筛选培育高产低 CH_4 排放品种成为可能。诸多研究发现，不同水稻品种的 CH_4 排放率差异较大（Qin 等，2015；Balakrishnan 等，2018；Bhattacharyya 等，2019）。2015 年，Su 等（2015）通过基因编辑手段发现了高籽粒碳分配的新型低 CH_4 排放水稻品种 SUSIBA2，认为优化光合产物分布对于提高水稻产量和减少 CH_4 排放非常重要，这为从基因编辑角度培育低 CH_4 品种开了先河。Du 等（2021）后续对该品种低 CH_4 性状及土壤碳和微生物群落进行了综合分析，发现基于该基因的水稻向土壤释放的碳减少，早晚稻（平均 50% 减排率）和粳籼稻品种（粳稻高于籼稻）均有较大的 CH_4 减排差异，预测具有大麦 HvSUSIBA2 基因的分子水稻育种可提高谷物的光合产物通量，从而提高水稻产量并减少稻田中的 CH_4 排放。这种通过基因编辑改良水稻品种，从而实现 CH_4 减排的探索还较少，未来也面临水稻产业发展和国家粮食安全保障等诸多挑战。

优化灌溉。节水节氮高效生产是稻田 CH_4 减排的重要选择。从节水节氮角度看，减少稻田 CH_4 排放的措施主要包括：①改进水资源管理（单一排水和多次排水）（张志伟等，2022；Zhang 等，2023）；②改进作物残茬管理（秦晓波等，2014；陈洪儒等，2022）；③改进施肥（使用缓释肥料和特定养分施用等）（李如楠等，2020；宋春燕等，2023；Li 等，2018；Li 等，2023）；④使用土壤改良剂（包括生物炭和有机改良剂等）（Qin 等，2016）。这些措施不仅具有缓解潜力，而且可以提高用水效率，减少总体用水量，增强干旱适应能力和整体系统恢复力，提高产量，降低种子、农药、排水和劳动力等方面需要投入的生产成本，增加农户收入，提升可持续发展水平。对人工灌排稻田减排效果的荟萃分析发现，采用干湿交替（AWD）灌溉管理可减少 20%～30% 的 CH_4 排放量和 25.7% 的用水量（张志伟等，2022），尽管这在个别情况下会导致产量小幅下降（5.4%）（Carrijo等，2017），但更多研究则发现了与 AWD 相关的产量提升（Dang等，2018）。实际上，采取中期烤田水分管理方式的稻田，即使在烤田结束覆水后仍能将 CH_4 排放量保持在较低水平。

（2）国际进展

2009 年，新西兰牵头成立了全球农业温室气体研究联盟（GRA），其工作组包括稻田组，中国长期参与跟踪 GRA 的会议和活动。GRA 稻田组由日本牵头，在稻田甲烷减排方面，日本作为资助方，已经发起了四期跨国联合研究计划，主推以水分优化管理为主的 AWD 稻田甲烷减排技术。另外，韩国等国主要开展了甲烷抑制剂等相关的减排技术研发。

甲烷抑制剂。国外研究证实，许多化学物质如溴甲烷-磺酸、氯仿和氯甲烷等可抑制甲烷菌的活性，如肥料型的甲烷抑制剂碳化钙胶囊能使稻田 CH_4 排放降低 90.8%。Cho 等（2022）在韩国的研究发现，利用醋酸纤维素搭配乙烯利抑制了 43% 的稻田 CH_4 产生，其效果类似于其他甲烷抑制剂（2-溴乙磺酸盐、2-氯乙磺酸盐、2-巯基乙磺酸盐）（Waghmode 等，2015；Czatzkowska 等，2020）。

高产低排品种。印度的 Bhattacharyya 等（2019）对不同水稻品种 CH_4 排放速率、根系分泌物、根氧化酶活性和茎秆通气组织孔隙空间进行了研究，发现不同水稻品种的 CH_4 平均排放量在 0.86mg m^{-2} h^{-1} 到 4.96mg m^{-2} h^{-1} 之间，并且 CH_4 排放率在短期品种中最低，其次是中长期品种。在中短期品种中，平均每单位稻谷的温室气体排放强度较低（0.35kg CO_2e/kg）。多数研究认为，水稻品种对 CH_4 排放的影响主要与水稻生长性能有关，即分蘖数、植物地上和地下生物量。水稻品种之间甲烷排放差异表明从育种基因型角度培育低排放水稻品种的可行性，但目前对基因型如何影响参与 CH_4 循环的微生物群的了解有限。

优化灌溉。近年来，AWD 在以东南亚为主的水稻主产区推广，实现了良好的增产减排效果。基于干湿交替灌溉技术的良好应用前景，更加需要量化该技术对区域的适用性程度，以扩大其应用范围。与连续淹灌相比，采用 AWD，越南稻田 CH_4 和 N_2O 排放量分别减少了 29%~30% 和 26%~27%，净温室效应的减排率约为 30%（Dang 等，2018）。

2. 农田氧化亚氮减排

（1）国内进展

对于农田氧化亚氮（N_2O）减排，《方案》对化肥减量增效行动进行了部署，强调应以粮食主产区、果菜茶优势产区、农业绿色发展先行区等为重点，推进氮肥减量增效。研发推广作物吸收率和利用率高的新型肥料产品，推广水肥一体化等高效施肥技术，提高肥料利用率。推进有机肥与化肥结合使用，增加有机肥投入，替代部分化肥。

实际上，氮肥过量施用是造成我国农田 N_2O 大量排放的首要原因，农田氧化亚氮减排的关键是合理施氮。研究认为 N_2O 排放随氮肥投入呈线性或指数、对数或 S 形曲线增长（Qin 等，2021），科学合理确定施氮量、精准施肥和减氮是农田 N_2O 减排的最有效手段。测土配方施肥是我国控制 N_2O 排放的主要技术，根据土壤供氮能力与作物氮素需求量确定氮肥用量，与传统施肥量相比，测土配方施肥能够显著提高我国作物产量和氮肥利用率，显著降低土壤 N_2O 排放（到 2013 年，测土配方施肥技术总计减排量达到了 2500.35 万 t CO_2e）、氨挥发、氮淋溶和径流（Xia 等，2017；张卫红等，2015），不需要额外减排成本，并可提高农民净收益。

中国农田存在较高的氮素盈余现象，而 N_2O 排放主要来自过量的氮素盈余，有研究指出中国农田 N_2O 排放对氮素盈余量的指数响应形态（Gu 等，2017），在保证作物产量前提下有极大的氮素盈余降低空间。我国已经实现化肥零增长，但农田平均施氮量仍超出了作物需求量，尤其是在蔬菜、果树等经济作物上更为突出，氮素损失比例仍然相对较高。研究认为控制氮素盈余能在稳产的前提下有效节约肥料成本和人工成本，具有减少 N_2O 排放、降低农业面源污染和环境负荷的协同效益（Cui 等，2014；Shcherbak 等，2014）。缓控释氮肥、脲酶/硝化抑制剂（王斌等，2015；马芬等，2020）具有更稳定、持续和高效的供氮能力，能显著提高作物氮肥利用率和产量，并减少环境污染。我国氮肥类型以尿素为主，缓控释肥料、生物肥料、稳定性肥料及新型肥料抑制剂应用存在限制，主要是由于这些肥料的投入会使成本增加。与发达国家相比，我国在平衡施肥、精准农业、绿色高效肥料等方面还存在一定差距，田间管理水平亟待提升。

土壤有机质含量和碳氮比直接影响农田氮素循环和 N_2O 排放，农田增施有机肥或秸秆还田以替代部分化肥（减少化肥施用），不仅可在稳产增产的基础上改善土壤肥力和提高碳汇能力，还有助于减少 N_2O 排放（奚雅静等，2019）。我国在水稻（宋春燕等，2023）、小麦和玉米（刘淑军等，2023）等粮食作物生产中秸秆还田比例取得显著提升，在经济作物中增施有机肥以替代部分化肥，对于 N_2O 减排具有积极作用。此外，研究发现在我国粮豆轮作、绿肥还田可提高农田生态系统固氮量，从而减少化学氮肥投入量，可有效减少 N_2O 排放，并有利于提高农田资源利用效率、经济效益、土壤肥力和生物多样性（Yang 等，2022；Hu 等，2023）。

（2）国际进展

国外主要从养分管理（Paustian 等，2016；Nishimura 等，2021）、作物管理（Peyrard 等，2016）、氮肥效率提升（Friedl 等，2020）等方面开发农田 N_2O 减排技术，包括农田高效低排放的液体肥料、水溶肥料、缓控释肥料、生物肥料、肥料增效剂、硝化抑制剂等产品，基于化肥施用限量标准的化肥减量增效技术，绿色高效有机肥管理和化肥替代技术，氮高效利用低排放品种筛选培育，以及生物固氮增汇肥料等。"4R"（正确的氮肥用量、类型、施用时间和施肥深度）施肥策略是国际公认且力推的农田氮素集成管理模式，在欧美等发达国家和地区大规模使用，对农田氮素利用率的提高和 N_2O 减排具有最优效果。

欧美等发达国家和地区重视绿色高效肥料、精准农业和氮高效利用品种等技术的研发和推广，在农田 N_2O 减排技术方面具有优势。美国是最早从事精准农业的国家，1998 年调查显示，77% 的用户采用了精准农业技术（Jay，2000），在精确测算作物化肥需求量的基础上调整氮肥施用比率，利用不同控释或缓释肥料形态或硝化抑制剂，在作物吸收之前且氮肥流失量最小时对作物施肥，并精确定位施肥，使之处于最容易被作物根部吸收的位置，使氮肥利用率达到较高水平，从而有效降低氮肥施入导致的 N_2O 排放。美国成立专门机构评估不同农作物对肥料的不同需求，将化肥精确地施于农作物的固定部位，根据大量试验结果，计算土壤中肥料的用量、比例，界定使用上限，通过基于精准测算的肥料生产、供应体系，大大提升氮肥利用效率，减少肥料流失，避免施肥过量，协同实现农田 N_2O 排放控制。欧盟提出减少和规范化肥使用的计划，德国和法国出台最严格规定对农田氮盈余和氮利用率进行精准控制，并提高生态农业用地比例，以此降低农田 N_2O 排放。同时，欧盟通过培育氮高效利用品种、施用高效氮肥、添加环保型氮肥增效剂和脲酶/硝化抑制剂、选用豆科固氮作物、覆盖作物或绿肥轮作等措施，实现农田氮高效利用、作物稳产增产和 N_2O 减排的共赢。研究认为施肥时添加与氮代谢相关的功能微生物菌剂，比如在农田接种多功能复合菌剂、固氮微生物或反硝化微生物（N_2O 还原细菌），能在作物稳产的基础上有效减少 N_2O 排放，并提高土壤肥力和微生物活性（Zilli 等，2019；Jensen 等，2012）。

此外，生物质炭是指农作物秸秆、林果枝干、畜禽粪便等原料，在完全或部分缺氧条件下低温热裂解转化形成的固体混合物，其结构稳定、比表面积大、拥有丰富孔隙。农田施用生物质炭有助于改善土壤结构和质量，提高土壤固碳能力，保障作物稳产，同时可减少农田土壤 N_2O 排放。生物质炭较强的氧化还原能力及其对土壤 pH 值的增加可以促进 N_2O 到 N_2 的还原过程。但生物质炭制作成本较高，在农田大面积推广应用存在一定难度。

（三）机遇和挑战

对于我国种植业对"双碳"目标的潜在贡献，已有探索研究，如 Wang 等（2022）研究发现，在保障粮食安全前提下，2030 年和 2060 年我国种植业温室气体可分别减排 11% 和 24%，而如果考虑土壤固碳，上述两个年份温室气体净排放可分别减少 37% 和 41%，主要实现途径有四条，分别是有机废物回收、氮肥利用率提升、优化农田灌溉和控制氮素盈余。可见，我国种植业具有较大的减排潜力，上述研究结果中两个年份分别对应我国碳达峰和碳中和目标实现的时间，因此，如果采取该研究提出的四种路径，种植业将有力地贡献于我国"双碳"战略的实施。

我国种植业和养殖业还存在较严重的脱节问题，种养结合还很难大范围实现，上述减排路径中的有机废物回收（特别是养殖废弃物农田低碳化利用）还存在较大挑战，这也是我国农业系统低碳发展面临的一大挑战。

（四）结论和建议

根据我国种植业生产特征与温室气体排放特性，在减排技术与政策措施方面分别提出如下建议。

1. 构建气候智慧型丰产增效种植体系

我国是人口大国，确保稻米等主粮作物自给率稳定在 95% 的红线以上，保障粮食等重要农产品稳定安全供给，仍然是农业生产的首要任务。因此，种植业节能减排要以丰产增效为核心目标，融合人为强化和自然调控两种手段，充分考虑并挖掘"植株—土壤—微生物""固碳减排—绿色投入—污染防控""甲烷减排—碳汇提升—生态功能提升"三类互作效应，系统实施水、肥、苗、耕、机具产品等低碳运筹，集成主产区"抑菌减排—增腐固碳—良种丰产—减投增效"技术体系（秦晓波等，2023）。在此基础上，实施覆盖作物种植、免耕轮作、高产低排品种选育、覆膜保墒、菌剂增效产品、智能机具、合理密植、肥蘖脱钩、干湿交替和增氧耕作十大技术模式。与此同时，充分考虑未来气候变化的可能影响，推广区域针对性适应与减缓协同技术，构建气候智慧型丰产增效种植体系（王斌等，2022；秦晓波等，2023）。气候智慧型水稻减排增效生产体系如图 2-1 所示。

2. 基于碳中和视角的种植业减排政策措施

我国各级政府已颁布的农业农村减排固碳实施方案的贯彻落实，可有效降低种植业温室气体排放，有力推动国家和地区层面的碳中和进程。一方面，我国人口基数大，随着未来生活水平提高和肉蛋奶需求增长，农业温室气体排放仍将继续缓慢上升，农业碳排放达峰和减排存在较大挑战和不确定性。另一方面，我国中低产田比例较高，全面提升土壤固碳能力仍具有一定挑战。如何在保证粮食安全和居民饮食营养健康的前提下，显著降低我国农业温室气体排放，助力碳中和目标和农业绿色转型，是亟须探索的问题。针对当前国内外农业减排固碳政策出台、技术推广和工作开展情况，提出以下 4 点建议（王斌等，2022）：①制定种植业减排固碳政策和规划，明确农业助力碳

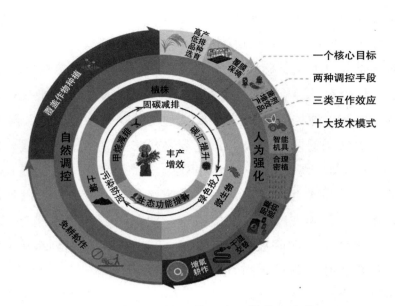

图 2-1　气候智慧型水稻减排增效生产体系

中和的实施路径；②梳理、优化和集成已有种植业减排技术措施，加大颠覆性技术研发和创新，建立碳中和示范区，关注食物系统减排的整体解决方案；③建立种植业低碳补偿机制，推动农业减排进入碳交易市场，尝试农产品碳标识，促进农民增收；④搭建种植业减排和碳中和技术成果共享平台，推进国际合作与交流，介绍和推广中国好的技术和做法，提高影响力和话语权。

二　养殖业减排降碳

（一）科技前沿进展、热点话题

发展规模化畜禽养殖业对推动乡村振兴具有重要意义，与此同时，畜禽粪污不合理的处理利用也对环境造成了一定的影响。畜牧业也是农业活动中重要的温室气体排放源，主要包括 CH_4（来自动物肠道发酵和粪便管理）和 N_2O（主要来自粪便管理）。加快推进养殖业减排降碳，对实现畜牧业高质量和绿色低碳发展、缓解环境污染具有重要意义。随着全球各国提出碳中和目标，尤其是"全球甲烷承诺"提出之后，畜牧业甲烷和氧化亚氮减排研究已成为目前研究热点，国内外养殖业减排降碳技术和温室气体评估方法都取得了显著的进展。

1. 国际畜牧业温室气体减排潜力评估

相关学者从全球尺度评估方面开展了研究。浙江大学环境与资源学院谷保静团队进行了一项反演分析，将全球 12% 的牲畜生产从单胃动物转向反刍动物，从整个生命周期的角度量化估算了全球氮损失和温室气体排放的变化，结果发现土地利用的变化和对反刍动物饲料的耕地需求的降低，可以减少 2% 的氮排放和 5% 的温室气体排放（Cheng 等，2022）。Laborde 等（2022）通过使用国际粮食政策研究所（IFPRI）开发的可计算一般均衡模型（CGE），捕获产出和投入变化，估计了全球畜牧业财政补贴等支持措施对温室气体排放的影响。结果发现，虽然多年来政府的支持措施激励了高排放农业系统的发展，但这种支持在农业生产增加全球温室气体排放方面的影响很小；一部分原因是没有系统地偏向于高排放产品，另一部分原因是贸易保护带来了高消费价格，从而减少了对某些高排放产品的需求。另外，Eisen 和 Brown（2022）通过模拟全球逐步淘汰畜牧业将释放的减排和生物质恢复的综合长期影响，量化当前全球畜牧业生产的全部气候机会成本，提出全球快速淘汰畜牧业有可能将温室气体水平稳定 30 年，并抵消 21 世纪 68% 的 CO_2 排放量。根据《全球甲烷评估》，畜牧部门甲烷减排潜力范围较大，为 400 万~4200 万吨 CH_4/年，牛羊反刍动物品种改良、提高动物生产力是实现肠道甲烷减排的主要途径，主要研究认为品种改良只适合规模化养殖场。另外，改善食物结构、少吃肉，还可减少畜牧业 CH_4 排放 3000 万吨/年。

国际上各国针对养殖业减排固碳监测和评估方面的研究也有不少进展。欧盟利用资源/饲料分配模型，比较了基于循环食物系统目标的欧盟畜禽动物蛋白供应与 EAT-Lancet（一个全球饮食计划，通过该计划理论上可以养活 2050 年预计的 100 亿人口，该计划呼吁大众大幅减少肉类消耗，增加水果和蔬菜的摄入量）推荐的膳食结构之间的差异，提出与 EAT-Lancet 参考饮食相比，循环食物系统推荐的欧盟畜禽动物蛋白供应有助于温室气体排放量减少31%（Van Selm 等，2022）。美国使用综合农场系统模型（IFSM）进行过程级模拟，对从摇篮到农场大门进行乳制品生产生命周期评估，估算了与奶牛生产相关的间接温室气体排放（Rotz 等，2021）。澳大利亚在农场条件下使用 Green Feed 系统对奶牛进行长期肠道甲烷排放测量，该系统可以实现对高吞吐量的动物昼夜分布的不同时间点的访问，并进行 CH_4、CO_2 排放的量化（Coppa 等，2021）。同时，以总甲烷量和甲烷强度等为系数，预测了奶牛育种计划中性状对环境的影响（Richardson 等，2021）。加拿大将中红外光谱（MIRS）数据和偏最小二乘法与牛奶成分结合，通过人工神经网络预测个体荷斯坦奶牛的每周平均 CH_4 排放量（Shadpour等，2022）。新西兰在量化季节性产犊奶牛肠道发酵甲烷排放量的变化后，利用这种变化评估了新的个体动物排放监测技术的潜力及其对缓解政策的影响（Zhang 等，2021）。奥地利分别使用常用的100 年内全球变暖潜能值（GWP）以及最新引入的将额外变暖描述为短期温室气体排放时间线的函数（GWP ∗）两个指标分析畜牧业温室气体排放的影响。强调 GWP 可能高估了短期气候污染物对变暖的影响，且相对较低的 GWP ∗ 不应被解释为 CH_4 排放的进一步地减少，而应被解释为额外的变暖的实际减少（Hörtenhuber 等，2022）。

2. 国内畜牧业温室气体排放与减排评估

南方科技大学环境科学与工程学院郑一团队使用食物链、环境中的营养物质流资源利用（NUFER）模型和质量平衡原理，开发了一个新的中国畜牧业生产的 N_2O 排放清单，指出截至 2006 年，中国畜牧业 N_2O 排放量年均增长率为 4.6%，2007~2015 年急剧下降，2017 年由于人口增速和肉类消费增速放缓而逐渐下降，并预计 2030 年牲畜 N_2O 排放的技术减缓潜力为 7%~21%（或 23.1~70.9Gg N_2O），实施成本为 55 亿美元至 60 亿美元，华北平原、东北平原和两湖平原确定了优先干预区域，提出在缓解措施中，畜禽粪便厌氧消化处理具有最大的社会效益，而低粗蛋白质喂养减排具有最低的经济成本，厌氧消化和堆肥技术相结合后的减排潜能最大（Xu 等，2022）。Wang 等人（2020）应用扩展的"农场门分析"，使用质量流法评估了华北平原养猪场的碳（C）和氮（N）流量，并通过情景分析法进一步分析了先进缓解措施对氮利用效率（NUE）以及碳氮排放的影响。该研究发现通过饮食操作可以减轻系统总氮损失的 10%~13%，而通过低排放储存可以减少 26% 的系统总氮损失；同时，沼气生产分别具有改善储存和平衡施肥的功能，厌氧消化可减少温室气体 46% 的排放。中国科学院遗传与发育生物学研究所柏兆海等人，从全国尺度分析了中国 2300 个县的牲畜和人口数据，预测了替代牲畜分布对氮排放的影响，该研究发现中国近一半的畜牧业生产分布在城市周边地区，提出到 2050 年搬迁 100 亿头牲畜，将减少中国 90% 人口的有害氮污染暴露（Bai 等，2022），因此，空间规划可以作为解决畜牧业氮污染和人类暴露于氨问题的有力政策工具。

中国农业科学院农业资源与农业区划研究所农业资源利用与区划创新团队通过玉米青贮种植和奶牛育种一体化系统减轻牛奶生产对环境的影响，运用生命周期分析（LCA）、最小二乘线性回归模型（OLS）、情景分析等方法，对种养结合模式（IPBS）和非种养结合模式（non-IPBS）在原奶生产过程中的温室气体排放等环境绩效进行了评估，揭示了种养结合模式下奶牛场的温室气体减排潜力。结果表明，与 non-IPBS 相比，IPBS 可减少全球 14% 的变暖潜能值、10% 的酸化潜力、18% 的富营养化潜力、10% 的不可再生能源使用、8% 的用水以及 13% 的土地使用；据测算，中国 81% 的奶牛场可采用 IPBS，温室气体排放可减少约 21%，但前提是需要 200 万公顷农田用于玉米青贮栽培（Huang 等，2021）。Jin 等（2021）使用面板模型（CPLR）量化了中国家庭层面的畜牧业和作物生产脱钩的潜在驱动力，结果显示既种植作物又饲养牲畜的农村家庭的比例从 1986 年的 71% 急剧下降到 2017 年的 12%。关于促进种养结合以减缓畜牧业温室气体排放方面的研究，Yang 等（2022）以中国西北地区旱地为研究区，对冬小麦种植区在施用氮肥、用粪肥替代部分氮肥、向粪肥中添加补充灌溉水等条件下的作物产量和温室气体排放变化进行了研究。为期两年的研究表明，用粪肥替代部分氮肥、向粪肥中添加补充灌溉水两种条件下的全球温室气体强度和碳足迹分别降低了 3%~25% 和 21%~42%。吉林大学宋俊年团队在国家和省级区域层面建立了种植系统和养殖系统的生命周期温室气体排放和污染物排放清单，确定了种植活动和养殖活动环境影响的关键区域、关键过程以及关键影响类别。通过比较基准情景（种植—养殖系统）和处置情景（种植—养殖—生物质能集成系统）的生命周期影响，描绘了跨子系统的秸秆流量和粪便流量，显示在全国范围内可收集的秸秆和粪便的数量分别为 829.5Mt 和 418.3Mt（按干重计），在综合系统中，废弃和用于能源用途的秸秆共同流入生物能源系统（BES），总量为 260.7Mt，被浪费并用于能源目的的粪便流入 BES，总量为 96.8Mt，值得注意的是，原本被丢弃在农田的秸秆和其他用途的秸秆被排除在 BES 的范围之外，而不会影响土壤碳收支，且用于生物能源生产的秸秆和粪肥比例分别为 31% 和 23%（Xing 等，2022）。同时，中国农业科学院农业环境与可持续发展研究所朱志平等，通过比较 2007～2017 年两次全国污染普查中的大规模养殖场数据和县级小规模养殖数据，建立了高分辨率的养殖布局和畜禽养殖污染状况分布图，探明了我国畜禽养殖污染产生和排放的时间和空间变化特征：种养殖业的空间布局优化、废弃物利用政策实施、提升畜牧业系统氮素利用效率、提高畜禽废弃物循环利用率可驱动区域农业养分循环，显著降低环境污染和养分损失，但是随着我国养殖业规模化程度的提升，受规模化畜禽养殖粪便管理方式变化影响，粪便管理方面甲烷排放有增加的趋势（Zhu 等，2022）。

（二）主流技术和突破性技术

1. 动物肠道甲烷减排技术

通过在畜禽日粮中添加食物添加剂从而达到减碳效果，Jia 等（2022）研究了日粮中添加枯草芽孢杆菌和马莱亚苜蓿提取物对反刍动物的生产性能和能量氮代谢的影响，发现增加添加剂不仅可改善生产性能，还能减少肠道甲烷排放；Dong 等（2023）对畜禽日粮中添加低聚木糖和外源酶的用量和作用机制进行了研究，发现该项技术可提高牛产奶量、能量利用效率并减少肠道甲烷排放；Yu 等（2021）发现 3-硝基氧基丙醇对反刍动物肠道甲烷排放的抑制作用，且在畜禽肉类和奶类中残留的可行性较小，实验表明，在反刍动物的饮食中加入 3-硝基氧基丙醇能以剂量依赖的方式抑制肠道 CH_4 排放，且不会对动物产生负面影响。

加入脂肪或油类也可以达到类似的效果。唐炜轩等（2022）研究了饲粮中添加桉叶油和茴香油对肉羊甲烷产量的影响，总结了不同添加水平的苏子油对瘤胃代谢的影响程度，综合各项指标，得出苏子油的最佳添加量为 3%。

通过研究喂食不同的高蛋白源日粮（豆粕、菜籽粕、棉籽粕）

以提高蛋白质水平从而减少甲烷排放，王若绮和李哲（2021）在具有饮食控制的密闭饲养系统中实验发现，每公斤干物质摄入的 CH_4 排放量由高到低分别为豆粕组、菜籽粕组、棉籽粕组，且豆粕组的增重能量最低，以棉籽粕为蛋白质来源的饲料净增重最高，其次是菜籽粕。屈雷宇等（2022）从微生物作用方面研究了富硒乳酸菌发酵玉米秸秆对降低体外 CH_4 产量的作用，与玉米秸秆组相比，乳酸菌发酵秸秆组和富硒乳酸菌发酵稻草组的体外发酵 CH_4 产量显著降低，用乳酸菌和富硒乳酸菌发酵玉米秸秆后，可以显著提高饲料的发酵质量，增加秸秆中的蛋白质含量，降低 CH_4 排放量。

2. 粪便管理甲烷减排技术

Meng 等（2023）通过将三叶草与牛粪进行共同消化以减少畜禽 CH_4 排放，发现在储存和田间施用两个时期，未经处理的牛粪和与三叶草厌氧共同消化的牛粪消化物，以及三叶草分离的液体部分的产量规模温室气体排放量分别为 44.4kg CO_2 e/kg、17.1kg CO_2 e/kg 和 8.5kg CO_2 e/kg粮食产量，CH_4 分别占 3 种处理方式温室气体总排放量的 85%、40% 和 11%。此类处理方式适用于排泄物和食物垃圾在农场内共同消化的生产系统，储存期间排放的 CH_4 是温室气体总排放量的最大组成部分，然而在有机农业中，共同消化物仅限于富含纤维的残留物，如深层垃圾或植物中。牛粪和三叶草的厌氧消化显著减少了储存期间的 CH_4 排放，是一种很有前途的减排策略。王义祥等（2021）通过在堆肥过程中添加生物炭以减少甲烷排放发现，花生壳生物炭的添加减少了整个堆肥过程中 CH_4 的累积排放。CH_4 挥发主要发生在堆肥的高温期，9% 的生物炭处理的 CH_4 减排效果最好，为 52.1%。且生物炭的添加比例越大，温室气体减少量就越多，堆肥过程中的 CH_4 排放率随着生物炭添加比例的增加呈下降趋势。

（三）机遇和挑战

畜牧业生产活动造成的温室效应加剧已经成为全球性话题。从

1960 年到 2017 年，全球反刍动物数量增加了近两倍，而非反刍动物数量则增加了四倍多。到 2050 年，全球动物产品需求预计将增加 70%，这两类动物的数量都将进一步增长，畜牧业温室气体排放也将进一步增加。FAO 预测，若不控制畜牧业温室气体的排放，到 2030 年畜禽产生的 CH_4 将增加 60%，农业源 N_2O 排放量将增加 35%~60%。畜牧业引起的全球变暖现象不容忽视，如何采取适宜的低碳途径以减少畜牧业直接和间接的温室气体排放需要引起全球范围内的关注。2023 年 9 月 25~27 日，FAO 组织召开了首届全球畜牧业可持续转型大会，提出了努力实现更好生产、更好营养、更好环境和更好生活的目标。在实现以上四项奋斗目标的征程中，可持续畜牧业体系发挥着举足轻重的作用；畜牧业关乎全球 17 亿人的生计，畜牧用地占地球陆地面积的 50% 以上，屈冬玉总干事指出，畜牧业可持续发展和绿色低碳转型任重而道远，强调其"对于人类福祉和地球健康至关重要"。同期发布了《牲畜和水稻系统的甲烷排放：来源、量化、减排和指标》报告，旨在帮助成员国制定低排放和适应气候变化的畜牧业发展策略，并将 CH_4 减排的承诺纳入国家自主贡献和气候政策中，进而推动实现可持续发展目标。

（四）结论和建议

畜牧业排放是生存排放，在确保粮食安全和畜产品有效供给的前提下，应加强创新技术的研发与应用，针对动物肠道发酵甲烷排放量大、减排技术缺乏等问题，开展肠道发酵甲烷排放抑制技术创新及研发，有效降低单位畜产品甲烷排放强度。一是开展动物肠道发酵甲烷排放影响机制研究，利用宏基因组等技术，揭示低甲烷排放牛羊瘤胃微生物影响机制；二是研发牛羊的精准日粮配制技术，形成基于肠道发酵甲烷减排的反刍动物精准饲喂体系；三是研发基于植物提取物、植物精油等针对反刍动物肠内发酵甲烷减排的饲料添加剂，提升饲料转化效率。

在畜禽粪便管理方面，一是推广畜禽舍内粪污快速干湿分离源头减量技术，重点推广智能化、低能耗的自动清粪系统和固液分离设备等；二是推广固体粪污低成本低排放好氧堆肥技术，提升低排放堆肥的机械化、智能化水平；三是推广液体粪污密闭和酸化贮存资源化利用技术，推广液体贮存添加酸化剂降低液体粪污 pH 值贮存技术等，降低液体粪污贮存过程中的甲烷产生量；四是推广粪污集中处理能源化利用技术，重点推广酸化等高效预处理技术；五是推广种养循环粪肥还田技术，建立粪肥还田利用台账制度，提升土壤固碳能力。

三　农田土壤固碳

（一）科技前沿进展、热点话题

1. 中国农田土壤碳汇评估与固碳潜力预测

据估计，中国农田土壤有机碳储量约为 6.02Pg C，平均密度为 49.65t C/ha。农田土壤发挥着重要的碳汇功能，年固碳速率约为 0.31t C/ha，土壤有机碳储量年净增加 13.76～49.25Tg。东北地区的农田土壤碳汇水平最高，贡献了全国农田土壤有机碳储量的 23%，其次分别为东南地区、华北地区、中南地区、西南地区和西北地区（Ding 等，2023）。从农业气候分区来看，表层土壤有机碳储量由高到低的顺序表现为中温带>中亚热带>南亚热带>北亚热带>干旱中温带>暖温带>干旱暖温带（赵明月等，2022）。从土地利用方式来看，水田和菜地的利用管理比旱地的利用管理更有利于土壤有机碳的积累，分别比旱地土壤有机碳储量高 37.1% 和 25.5%（Ouyang & Zhu，2023）。中国农田土壤未来尚有较大的固碳潜力，作物的多样化种植、免耕、作物残茬还田等合理的农田管理措施可以提升农田土壤的固碳潜力（Naorem 等，2023；Wu 等，2024）。

2. 碳循环与农田土壤固碳机制研究

土壤固碳是地球生态系统中重要的碳循环过程之一，全球土壤中的有机碳储量是全球生物圈碳储量的三倍以上。在碳循环中，土壤通过吸收和固定大气中的 CO_2，将其转化为有机质并储存起来，从而减缓温室气体排放，有助于缓解全球气候变化。土壤呼吸强度、温度、降水和氮沉降等都会改变土壤的固碳能力和土壤碳的稳定性（Mason 等，2023）。Tao 等（2023）基于模型评估得出微生物的碳利用效率在农田土壤固碳过程中发挥着关键作用。李宝珍等（2022）揭示了稻田淹水限制微生物活性、抑制植物残体微生物分解过程是使其保持较高碳固持能力的原因。Feng 等（2023）发现长期生物炭添加改变了碳降解酶活性进而限制了土壤的碳固存潜力。Chen 等（2023）发现地表径流和土壤侵蚀造成土壤碳储量高的农田分布在低海拔且水分充足的地区。Kou 等（2023）揭示了土壤食物网是促进土壤有机碳更新的驱动者，促进了外源有机碳从不稳定生物碳库到稳定生物碳库的转换。Liu 等（2023）则认为免耕和深松秸秆覆盖通过降低大团聚体中的水解酶和氧化酶活性以及碳从大团聚体流向小团聚体的强度，能将新碳更好地保护在大团聚体中，减少有机碳损失，进而促进土壤碳积累。

3. 土壤固碳与全球气候变化的相互作用

农田土壤固碳被认为是抵消 CO_2 排放以实现农业碳中和，从而减缓全球气候变化的有效策略，其区域尺度的微小变化将会引起全球尺度的气候变化（Singh 等，2023）。同时，全球气候变化也在影响着农田土壤的固碳能力。Berthelin 等（2022）和 Kpemoua 等（2023）提出，提高农田土壤固碳能力有利于增强农业抵御气候变化的能力。Zhang 等（2023）模拟了未来气候情景下土壤有机碳的变化趋势，发现 SSP1-1.9 条件下土壤有机碳呈缓慢上升趋势，而

SSP2-4.5 和 SSP5-8.5 条件下土壤有机碳均呈下降趋势。Wang 等（2022）的一项荟萃分析表明，在升温 1℃ 情景下 30 厘米土层的土壤碳储量将下降 6.0%±1.6%。

（二）主流技术和突破性技术

1. 有机物料添加技术

近年来，将有机物料用作土壤改良剂已被公认为是缓解气候变化的有效且有前途的方法，有机物料添加作为农田土壤固碳减排技术的重要措施已受到广泛关注。有机物料添加技术是指向土壤中人为添加外源有机物质以帮助土壤固碳，包括秸秆还田技术、畜禽粪污还田技术和绿肥还田技术等。

秸秆还田技术可使土壤有机碳含量提高 10%～20%（Li 等，2023；Liu 等，2023），长期坚持秸秆还田的固碳效果更加显著（Dong 等，2023；Hao 等，2023）。秸秆还田技术根据利用方式的不同可分为直接还田和间接还田。秸秆直接还田技术包括秸秆覆盖还田保护性耕作（免耕还田）、秸秆机械粉碎旋耕混埋还田（旋耕还田）、秸秆机械粉碎犁耕翻埋还田（深翻还田）和秸秆快速腐熟还田（快腐还田）。秸秆间接还田技术则包括过腹还田和沤肥还田。Islam 等（2023）通过荟萃分析提出与秸秆离田相比，秸秆免耕/旋耕/深翻还田均导致表层土壤和底土层的土壤有机碳储量有所改善，其中，免耕还田应优先在干旱半干旱地区和沙土、壤土区域应用，深翻还田应优先在黏土区域应用。Zhang 等（2023）研究发现深翻还田在土壤有机碳固存方面的表现优于免耕还田，尤其体现在深层土壤碳输入方面。另外，秸秆种类同样影响着秸秆固碳效率，Dong 等（2023）提出稻麦轮作系统中，水稻秸秆在提升土壤有机碳方面优于小麦秸秆。

动物粪便施用可以直接增加外部碳对土壤的输入，被认为是提高土壤有机碳储量的有效途径。畜禽粪污还田包括沼气处理后沼渣沼液还田和畜禽粪便（主要是干粪）直接还田，有助于实现污染物资源化利用并提升土壤的固碳水平。畜禽粪污还田技术主要包括粪污全量收集还田利用、固体粪便堆肥利用、污水肥料化利用等，可分为固体粪肥还田利用和液体粪肥还田利用。液体粪肥还田利用技术在施用方式上可分为表层撒施、条施、浅层注射、深层注射、喷灌等（张克强等，2021）。张瑞等（2023）发现在设施番茄栽培条件下，连续 7 年化肥和有机肥配施后显著提高了 0～20cm 土层土壤有机碳储量。Lan 等（2022）揭示了粪肥通过增加土壤颗粒态有机碳提升土壤有机碳的稳定性。Li 等（2017）基于 30 年长期定位试验，提出东北地区应联合施用化肥和粪肥（60mg/ha）以提升长期种植下的土壤碳储量。Waqas 等（2020）同样提出测土配方施肥和有机肥施用相结合能够在不同气候变化情景下实现最大的土壤碳固存和作物产量。Ren 等（2024）提出马粪、羊粪的固碳效率高于猪粪、鸡粪和牛粪，且因地而异，东北地区的固碳效率最高。

绿肥指直接翻埋或经堆沤后作肥料施用的绿色植物体，是重要的有机肥源之一，具有增加土壤有机质、提供养分、改善理化及生物学性状、提高保肥保水能力等作用。绿肥一般分为豆科和非豆科两大类。豆科绿肥可选择紫云英、毛叶苕子、光叶苕子、箭筈豌豆、蚕豆、山黧豆、黄花苜蓿等。其中，山黧豆主要在四川、重庆种植，黄花苜蓿主要在浙江、上海及苏南地区种植。非豆科绿肥可选用肥田萝卜、肥用油菜、多花黑麦草等。张义宁和王俊（2023）发现在西北旱作农业区选择三叶草为绿肥可显著提高土壤有机碳含量。Gao 等（2023）发现与冬闲相比，冬种绿肥处理可在减少 40% 氮肥情景下维持水稻产量，同时土壤表层碳固持速率为 $1.62\,\mathrm{Mg\ CO_2e\ ha^{-1}\ yr^{-1}}$。

2. 优化耕作技术

耕作措施是直接影响土壤物理性状的手段，不同的物理性状会影响土壤有机碳库的积累与稳定（王楠楠，2023），土壤耕作被认为是提升土壤固碳能力的重要途径。我国农田耕作方式主要有传统耕作（翻耕）、深耕深松、少耕（浅耕、旋耕）和免耕（留茬、留茬覆盖）等。与标准耕作相比，深耕技术可以使土壤有机碳增加 1.1%，而深松技术增加 8.9%（Wu，2023）。免耕技术抑制了土壤的透气性，可使土壤有机碳储量增加约 8%。杨琦等（2023）基于 29 年旱作麦田长期定位试验发现，免耕处理的土壤有机碳含量显著高于旋耕处理，但在气候变暖和 CO_2 浓度升高的模拟中旋耕土壤的有机碳含量更加稳定。Kan 等（2022）通过荟萃分析发现，免耕措施较传统耕作降低了 18% 的土壤有机碳矿化，提升了土壤碳的稳定性。

3. 精准灌溉技术

灌溉通过改变作物生产力、土壤微生物群落和改变土壤物理性质来改变土壤的有机碳输入与分解，影响土壤的固碳水平（Yang 等，2023）。Zhang 等（2023）发现 0~70 厘米土层中有机碳的迁移量与灌水量呈显著正相关，高灌水量促进了土壤碳的垂直运移，导致碳淋失。Li 等（2023）通过 8 年长期定位研究提出 50%~67% 的常规施氮量和 80% 的常规灌溉量可使农田土壤碳储量提升 3.95%~10.95%。Dong 等（2022）发现在冬小麦—夏玉米轮作体系中，提高灌溉水含盐量能够显著提高土壤有机碳水平。

（三）机遇和挑战

1. "摸清家底"——完善农田土壤碳汇监测体系

土壤碳汇的监测是准确把握我国农田土壤碳储量水平和变化状况的关键手段，全方位、高精度的监测体系是定量化评估中国不同区域耕地碳汇的科学基础。第一，应加快全国农田碳汇监测站点建设工作。1987 年在中国农业科学院农业资源与农业区划研究所主持下，我国建立了国家土壤肥力与肥料效益监测站网，用于监测不同区域、不同类型土壤和不同种植制度条件下土壤肥力长期演变规律。全国农田碳汇监测站点可以此为基础，站点增多增密与优化站点布局同步进行，进一步挖掘基层监测台站的服务功能，使农田碳汇监测有依托、能落地，打造接地气的碳汇监测网络。第二，加快碳汇监测装备研制开发。集中力量研发碳汇监测核心技术装备，促进碳汇监测向"智能化""数字化""信息化"的高精度实时监测转型，着力提升碳汇监测的服务水平。第三，提升碳汇远程感知能力。2022 年 8 月，我国首颗陆地生态系统碳监测卫星"句芒号"成功发射，我国碳汇监测正式进入天基遥感时代。由于地面监测站点无法对农田土壤实行全覆盖，遥感监测是实现区域碳汇实时监测的关键支撑技术，"天眼看碳汇"将成为高分辨率碳汇监测的主要手段。地面站点碳汇监测和遥感碳汇监测相结合，提升交叉验证能力，可建立天空地一体化碳汇监测体系，助力我国农田土壤碳汇监测迈向高质量发展。

　　2. "未雨绸缪"——提升农田土壤碳汇模拟能力

　　模拟未来气候情景下中国农田的碳储量和土壤固碳能力，有助于人类制定和实施可持续的农田管理措施，对应对气候变化、保障粮食安全具有重要意义。目前主要通过过程模型和机器学习的方式模拟不同气候变化情景（如 RCP 情景、SSP 情景）和不同农业管理措施下（如秸秆还田、有机肥无机肥混施、免耕等）土壤碳储量的响应状况，并明确不同影响因素的驱动力。然而，受基础数据获取、模型运行机理等制约，目前的预测模拟能力仍存在一定的限制，且缺乏可靠的、定量的不确定性分析。应从以下几个方面提升我国农田土壤碳汇模拟能力。第一，过程模型开发完善与多模型融合模拟协同。现有的过程模型，包括 DNDC 模型、Century 模型和 RothC 模型等，虽然已经在中国进行了多区域验证和广泛应用，能够较好地模拟不同的种植系统和农田管理措施下的土壤有机碳动态，但是对于气候变化的响应模拟效果欠佳。这主要是因为模型中有机碳分解对温度变化的敏感性较低，且缺乏微生物的分解速率模拟，因此有必要开展有针对性的模型完善工作。此外，多模型融合是未来模型模拟的主要趋势，模型之间的优劣互补与交叉验证能够有效提升模拟的准确性和可靠性。第二，倡导基础数据开放共享。过程模型模拟结果的可靠程度不仅受模型机理的影响，参与模拟的基础数据的质量也是重要的决定因素。过程模型普遍需要大量的参数，涉及作物种植类型、农田管理措施等人类活动参数，以及土壤属性、气候等环境参数，人类活动参数主要由调研和统计年鉴获取，而环境参数则通过调查监测数据获取。因此，加强基础数据建设工作，开展数据质量提升工程，提高数据开放共享程度，是提高模型模拟能力的必经之路。第三，开发定量化的模型不确定性分析模块。模型模拟必然存在不确定性，而过程模型普遍缺少不确定性分析模块，严重制约了模拟结果的应用，无法为制定区域性合理的土壤资源管理政策提供有效的决策参考。因此，应基于内部设定参数、外部确定参数以及模型机理等多方面的误差来源，开发定量化的模型不确定性分析模块，提升模拟成果的可靠性和应用性。

3. "增强本领"——攻关农田土壤固碳增汇关键技术

土壤固碳增汇技术是在碳循环过程中，将空气中的 CO_2 和外源有机碳等固定封存在土壤中的技术。在全球气候变化和保障粮食安全的新形势和新背景下，该技术是应对新变化和解决新问题的有力武器，是提升人与自然和谐程度、实现可持续发展的关键方法。第一，加强基础研究，打牢技术根基。基础研究处于从研究到应用、再到生产的科研链条起始端，做好基础研究，才能打牢科研与成果转化的根基。基础研究应着力针对土壤有机碳的周转过程机理展开，明确不同因素对土壤有机碳封存与矿化的驱动力，搞清土壤有机碳更新过程与更新速率以及探明土壤固存与气候变化的相互反馈机制。例如，土壤有机碳对温度的敏感性是当前仍未完全明晰的命题，而在未来气候变化下，全球温度升高（尤其是土壤温度升高）将如何影响土壤有机碳的固存与分解是预测模拟未来土壤碳动态的关键问题。因此，针对这些关键问题开展基础研究是十分必要和紧迫的。第二，推进科技攻关，瞄准关键技术突破。应针对"卡脖子"的技术问题逐一开展攻关和突破，针对增加土壤碳固存和减少土壤碳分解这一关键问题，抓紧研发原创性、特色性、引领性的技术，进而提升农业抵御气候变化的能力。第三，以实践为导向，加快技术体系集成。奔着最紧急、最紧迫的问题，以农业实践和农民需求为根本导向，以关键技术研究为基础和推动力，开展产业化技术和综合利用技术研发，并加大技术推广力度和提高应用水平。例如，中国农业科学院农业资源与农业区划研究所研发出秸秆颗粒化高量还田技术，秸秆颗粒连续 3 年每亩 5 吨深埋还田可使 0～40 厘米土壤有机质含量由 2.79%提升至 3.60%，3 年提高 0.81 个百分点。未来的技术研发方向仍应盯准可落地、可增效、可推广 3 个核心目标，加快研发"水—肥—耕"耦合集成的技术体系。

（四）结论和建议

近年来，我国农田土壤发挥了重要的碳汇功能，土壤固碳能力有了显著提升，对缓解气候变化和保障粮食安全起到了重要作用。同时，我国农田土壤固碳增汇基础研究与技术研发取得了较大进展，新成果、新技术不断涌现，农业技术推广与农民教育培训态势良好，较好地促进了成果的转化与技术的落地。未来一段时间，应锚定增强农业应对气候变化能力这一命题，通过碳汇监测站点建设、碳汇监测装备研发与碳汇遥感监测相协同，过程模型开发完善、基础数据增量提质与未来土壤碳汇模拟相适应，加强基础研究、推进科技攻关与加快技术体系集成相衔接，全面发力，不断提升我国农田固碳增汇能力，为减缓和适应气候变化作出重要贡献。

四　草地土壤固碳

（一）科技前沿进展、热点话题

草地生态系统具有重要的生态功能和生产功能。我国草地面积约为2.65亿公顷，主要分布于西部、北部地区，占我国国土面积的比重较高（方精云等，2018；徐丽等，2018），也因此固持了大量碳。相关研究表明，我国草地碳库约为25.4Pg C，是整个中国陆地生态系统碳储量的30%（Tang等，2018），其中约90%的碳储存在植物根系和土壤中（Bai & Cotrufo，2022；高树琴等，2016）。然而，随着经济以及社会的发展，我国草地分布区经历了显著的全球变化并随之做出了不同程度的响应，如青藏高原高寒草地的冻土融化现象（Gong等，2022）和内蒙古温带草原的灌丛化现象（刘一良等，2022）。这些现象的产生会显著影响我国草地的碳平衡。冻土的融化带来的热融冲沟会导致土壤表层有机碳储量显著下降，下降幅度近30%（Liu等，2022）。研究表明，我国有约70%~90%的草地发生了不同程度的退化，而退化草地的土壤有机碳损失约为10%~40%（Jiang等，2020；Peng等，2018；Zhang等，2019）。其中，草地退化主要是气候变化以及不合理利用导致的，针对内蒙古主要草地类型的土壤有机碳储量近40年的研究发现，气候变化对土壤有机碳下降的贡献率为15.3%~34.9%，而放牧对土壤有机碳下降的贡献率小于9.5%（Xin等，2020）。因此，厘清草地土壤有机碳形成、周转以及稳定性维持与调控机制，提出基于气候变化造成的草地退化的解决方案，对于提升生态系统的保碳增汇能力，保障全球生态安全和食物安全，实现"双碳"目标，具有重要的意义。

近年来，土壤碳泵理论逐渐取代腐质论，强调了土壤微生物同化作用的重要性，以及微生物对土壤有机碳构成和稳定性的贡献（Liang & Zhu，2021）。微生物在土壤有机碳形成和持久性中起关键作用。植物多样性通过增加地下生物量的碳输入和微生物坏死体来提高土壤有机碳储量。而气候变化通过改变植物碳输入和微生物分解代谢与合成的过程来影响草地有机碳的储存。由此，在土壤微生物的合成代谢驱动下，微生物本身不断产生残体即为土壤微生物碳泵。另外，微生物残体碳占土壤有机碳库的50%以上，虽然表层碳受植物碳输入和矿物保护的共同作用，但深层碳主要受矿物保护的影响（Kang 等，2022）。因此，改进放牧管理并促进生物多样性恢复可以为全球固碳解决方案提供低成本和高碳收益的选择（Bai & Cotrufo，2022）。其中，围封恢复措施有利于退化草地的恢复，围封可以快速影响微生物群落的组成与功能，并改变碳循环过程，增加碳固存（Zhang 等，2023）。因此，强调微生物合成代谢的重要性及其对土壤碳形成和稳定固持的贡献，可以阐明有机碳的来源、形成和封存。

　　除有机碳以外，无机碳也是草地土壤碳库的重要组成部分（Zamanian 等，2016）。土壤无机碳多数来源于土壤母质层，形成过程以及与大气 CO_2 的交换过程缓慢。然而，土壤无机碳同时关系着长期地质碳循环和快速生物碳循环。特别是在干旱与半干旱的气候条件下，土壤无机碳是土壤碳库中最大的组成部分，其中土壤中的碳酸盐是无机碳的主要存在形式（Zamanian 等，2016）。全国尺度的土壤调查表明，在 0~1m 的土壤剖面内，土壤无机碳库的储量约为 19.6Pg C，占总土壤碳库的 26%~54%（Fang 等，2007）。但在不同地区的研究中，我们发现青藏高原地区的土壤无机碳库约为有机碳库的 2 倍（Yang 等，2010；张蓓蓓等，2016），而新疆的草地土壤有机碳则与无机碳储量相当（颜安，2015）。因此，在研究草地土壤无机碳时，应注意比较不同时空异质性带来的差异，了解不同草地类型的土壤无机碳库大小对于理解整个土壤碳库的循环机制具有重要意义。

另外，针对草地生态系统的碳源汇评估从未停止。这是不同区域、不同类型草地碳源汇特征的土壤采样方法、通量观测方法、模型以及数据整合规模不同导致的。总体而言，我国草地生态系统碳汇范围为 $-3.4 \sim 17.6 \mathrm{Tg} \ \mathrm{C} \ \mathrm{yr}^{-1}$，土壤的碳汇功能强于植被（Zhang 等，2016）。在大面积土壤采样时，内蒙古温带草原的表层土壤表现为明显的碳汇（Kou 等，2018）。但在更长时间尺度和更大土壤深度的情景下，内蒙古土壤有机碳表现为明显的碳源，且以 $48.4 \mathrm{Tg} \ \mathrm{C} \ \mathrm{yr}^{-1}$ 的速度向大气排放（Xin 等，2020）。而青藏高原的高寒草地土壤碳汇能力较强这一观点已经基本被学界认同，其大小约为 $32.0 \mathrm{Tg} \ \mathrm{C} \ \mathrm{yr}^{-1}$（Chen 等，2017）。我国草地土壤的碳平衡随时间变化也有不同趋势。基于全国第二次土壤普查的数据，我国北方草地土壤 1980 ~ 2000 年为"碳中性"（Liu 等，2018；Yang 等，2010），而 2000 ~ 2010 年青藏高原高寒草地和内蒙古温带草地均表现为"强碳汇"（Chen 等，2017；Ding 等，2017；Kou 等，2018），因此在利用历史数据预测草地碳源汇的变化趋势时，应注意筛选相似采样方法、采样时间的情景数据建立分析模式，基于不同模式预测未来气候变化情景下我国草地生态系统碳源汇的能力大小。

（二）主流技术和突破性技术

1. 碳储量计算方法

碳储量的计算方法主要有两种：一是基于背景资源清查与遥感技术的统计推理，二是基于模型估算（Sun & Liu，2020；Wulder 等，2012；辛晓平等，2020）。进行背景资源清查时多使用样地调查法与历史资料清查结合的方式，样地调查法由于涉及的工作量较大，仅适用于小尺度碳储量估算；历史资料清查在大多数情况下难度大，估算误差大，难以实现空间分布估算。样点经验模型和过程模型估算方法存在需求参数多、地表属性空间分异等问题，从而导致预测估算容易出现较大误差。

2. 碳源汇监测方法

碳汇计量与监测是指对陆地与大气界面中的 CO_2 气体交换量进行测量和监测的过程。它涉及收集、分析和报告关于 CO_2 排放、吸收和存储的数据。我们估算区域草地生态系统碳收支的方法可分为两大类，即"将现场数据整合到区域估计中""根据大气 CO_2 浓度反演陆地生态系统碳汇"。第一类方法主要包括清单法、涡度协方差法和生态系统过程建模法（Piao 等，2022）。清单法是指基于不同时期生态系统碳储量（主要是植被和土壤）的比较来估算碳收支（Pan 等，2011）；涡度协方差法是指直接测量草地生态系统与大气之间的净 CO_2 交换，用其估算生态系统净生产力（NEP）（Yao 等，2018）；生态系统过程建模法是指通过模拟生态系统碳循环的过程和机制，来提供网格化碳通量估计（Friedlingstein 等，2021）；大气反演模型是指基于大气传输模型和大气 CO_2 摩尔分数的测量，结合人为活动的 CO_2 排放清单，估算陆地碳汇（Gurney 等，2002）。

3. 固碳潜力估算

目前，国际上对于固碳潜力并没有标准化定义。但草地管理措施的固碳潜力为一定面积和深度范围内采取措施和不采取措施两种情景导致的土壤有机碳的年增量。未来研究需要进一步厘清各种草地管理措施的碳固存潜力及其不确定性和环境依赖性，揭示这些措施在生物多样性保护、气候变化减缓和食物生产方面产生的协同效应，为需要采取的行动提供决策。研究表明，合理围封与合理放牧均可以提高草地土壤的固碳能力。例如加强生物多样性保护可以显著提高草地土壤根系的周转速度，加速土壤有机碳的固持（Zhang 等，2022）。多年围封能够显著提高植物源碳向土壤中的截存量（刘建华，2019）。另外，加速人工草地的建植也可以显著提高草地土壤的有机碳储量

（黄政，2018），因此，人工草地的建植也是提高草地固碳增汇能力的重要途径。

（三）机遇和挑战

尽管国内开展了草地生态系统碳储量及碳过程的广泛研究，但碳稳定性、碳计量以及系统性问题导致不同研究对中国草地碳源汇特征评估存在显著差异，草原生态系统碳汇发展面临诸多问题和挑战。

1. 草原生态系统碳计量监测技术和方法体系不健全

虽然不同区域碳储量和固碳潜力的相关研究较多，但研究主要集中在单个生态系统（森林、草地和农田等）或者单一碳库（植被和土壤碳库），方法多样且尺度不一，没有基于同一标准的生态系统碳储量和固碳潜力估算；并且数据来源不同以及所用的分类系统不同导致结果存在较大差异，系统及区域较难进行综合比较。如何精准估算（清查）全国或区域草地生态系统碳储量及固碳潜力，弄清草地生态系统碳库的分布格局、固碳能力及碳源汇特征，已成为限制草原碳汇精准计量、市场交易的难点问题。

2. 中国草原碳储量本底、变化速率及增汇潜能未精准把握

中国的草原主要分布在温带干旱和半干旱地区以及高寒地区，草地类型主要为温带草原和高寒草原（赵云飞，2023）。第一，不同草地类型由于植被群落组成不同，土壤类型与特性差异明显，植被光合产物分配、土壤微生物、土壤有机物残体生物量等均有较大差异，再加之利用方式、利用强度和利用历史的差异，草地碳储量和固碳潜力的计量和估算难度十分大。我国主要草原区内蒙古草原土壤碳储量占系统总碳储量的绝对主导地位（93.11%~96.98%），草甸草原、典型草原、荒漠草原和沙质草原的固碳潜力，分别为 30.57kg m^{-2}、18.51kg m^{-2}、15.85kg m^{-2} 和 2.58kg m^{-2}，估算单位草地面积增碳幅

度，草甸草原为 $0 \sim 25.31 \text{kg m}^{-2}$，典型草原为 $0 \sim 3.87 \text{kg m}^{-2}$，沙质草原为 $0 \sim 1.45 \text{kg m}^{-2}$（侯向阳、丁勇等，2014）。第二，不同草地类型初始有机碳储量差异较大，土壤碳储量变化对草地利用、草地管理的响应也有很大区别（Yang 等，2021；张雄伟等，2020）。如在草地利用方式转变过程中，高寒草地的有机碳变化比温带草原更敏感，相对较高的土壤有机碳储量更容易造成系统碳流失（高寒草地的初始有机碳储量为温带草原的 3 倍），高寒草地在 $1 \sim 5$ 年和 $6 \sim 10$ 年的有机碳损失率可分别达到温带草地的 3.3 倍和 7.3 倍（Yang 等，2021）。

虽然很多研究关注草原生态系统碳汇问题，但仍以点上的研究工作为主，复杂的草原自然分布和差异化利用所造成的数据在时空上的差异，与科学和管理对结果的高精度需求及期待还有很大差距。

3. 草原的多功能性和时空异质性为精准碳管理带来困难

草地生态系统具有重要的生产、生态和生活功能，但受到外界因素影响，系统功能发挥受到影响，进而影响草地生态系统碳动态变化，给草原碳管理带来困难。长期以来，草地生态功能和生产功能配置不合理，草原牧区过度强调其生产功能，忽视生态功能，导致草地超载过牧严重，天然草地大面积退化，生产力水平降低；另外，土地利用的变化如草地被开垦为农田、矿产挖采等，也导致了草地生态系统功能的变化。

（四）结论和建议

草地生态系统是中国面积最大的碳库，碳汇潜力巨大，在当前"双碳"战略目标下，发挥和提高我国草地生态系统固碳增汇的能力，助力碳中和目标早日实现，显得尤为迫切。应从国家—地区—牧户、生产—生态—生活多角度寻求提高草原增汇能力的措施，完善和落实草地保汇增碳技术和战略路径，促进草原碳汇产品的变现，最终服务于国家"双碳"的长期目标。

1. 加强草原生态系统保护

深入践行山水林田湖草沙是生命共同体的系统思想，严格按照"三线一单"（生态保护红线、环境质量底线、资源利用上线和生态环境准入清单）要求，制定征占用草原准入条件和定额管理制度，严格审核审批程序，严禁在草原上开垦、乱采滥挖、新上矿产资源开发等工业项目，严禁随意改变草原用途。全面实施草原生态保护补助奖励政策，根据草原质量、退化现状等合理划定禁牧区和草畜平衡区，加强综合执法监督管理，打击草畜平衡区超载放牧和禁牧区、休牧期偷牧行为，提高农牧民草原保护意识，实现从"要我保护"向"我要保护"转变。

2. 加快退化草原科学修复

针对不同退化沙化程度的草原，因地制宜、分类施策，合理布局生态修复工程项目，尤其是重要生态功能区和生态退化严重地区，要做好与草原生态保护补助奖励政策的衔接，将生态修复工程项目向禁牧区倾斜。加快严重退化草原的免耕补播修复，在不破坏或少破坏原有植被的前提下，合理选择乡土植物品种，提高草原植被覆盖度，增加产草量，实现生态环境改善。

3. 建立健全草地碳汇计量监测体系

草地碳汇计量监测是草原助力碳达峰碳中和目标的一项基础性和支撑性工作，是摸清草地碳汇资源本底、支撑草地碳汇清单编制的需要，可为开展碳汇交易等提供依据，是全国生态文明建设和实施草地碳汇行动的重要内容。

4. 构建草原碳汇交易平台

碳交易作为一种基于价格的方式，已经被部分国家政府用来为增加碳汇提供经济激励（Rakatama 等，2016）。中国碳交易市场预计将达到 40 亿吨二氧化碳当量，是全球最大的碳交易体系，是欧洲碳交易市场规模的 2 倍（Wang 等，2021）。碳汇交易将刺激生态系统中更多的碳封存，如果退化的生态系统恢复可以增加碳汇，那么就有可能相应地发展碳汇交易，为恢复行动的所有者提供货币激励。草原碳汇交易，一方面有助于发展低碳经济、缓解温室气体减排压力、降低企业碳排放交易成本，实现宜草则草、宜工则工的布局；另一方面可调控不同相关主体之间的利益，使种草护草主体成为保护草原和可持续利用草原的新动能，提高其草原生态保护和建设的积极性。搭建全国和具有区域特点的草原碳汇交易平台，推动草原碳汇的开发、管理和交易，鼓励各类社会资本参与林草碳汇减排行动，激发市场活力，充分借鉴排污权交易、林权交易等已有市场建设的经验，逐步完善草地碳汇多元化、市场化价值实现机制，加强碳汇交易信息化建设，利用互联网、大数据、云计算等新兴技术手段，为提升碳交易信息的服务水平提供技术支撑，有序推进草原碳汇交易市场的建立，进而实现草原大区向草原碳汇交易大区的转变（白莹和尹雪娜，2022）。

五 可再生能源替代

（一）科技前沿进展、热点话题

农村可再生能源开发利用，主要是将农业废弃物转化为生物质能。生物质能是国际公认的零碳可再生能源，具有绿色、低碳、清洁等特点。我国生物质资源丰富，能源化利用潜力大，主要包括农作物秸秆、林业废弃物、有机生活垃圾（餐厨、厨余、果蔬）、畜禽粪污、生活污水污泥和工业有机废渣废液等。2020年我国生物质资源合计产生量约为53亿吨（折合标准煤约5.2亿吨），能源化利用量为4.8亿吨左右，约占总产生量的9%。生物质能在应对全球气候变化、缓解能源供需矛盾、保护生态环境等方面发挥着重要作用，是继石油、煤炭、天然气之后的全球第四大能源。生物质能开发利用是推进能源生产和消费革命、推动能源转型的重要措施。农村可再生能源技术主要包括秸秆捆烧、秸秆成型燃料、生物质发电/热电联产、沼气/生物天然气、生物质液体燃料、秸秆炭气联产等。

（二）主流技术和突破性技术

1. 秸秆捆烧技术

国内秸秆捆烧技术逐渐产业化应用，供暖工程数量逐步增加，据统计，截止到2021年底，秸秆捆烧技术已在辽宁、黑龙江、河北等地区开展推广应用，已建成秸秆捆烧供暖试点297处，供暖面积达842.21万平方米，为乡镇机关单位、农村社区、学校等实现了集中供暖，具有较好的应用效果。国内秸秆捆烧锅炉制造企业主要有铁岭众缘环保设备制造有限公司、承德市本特生态能源技术有限公司、辽宁合百意生物质技术开发有限公司、朝阳市玉杰能源科技有限公司、河南省四通锅炉有限公司等。根据进料及燃烧方式，秸秆捆烧技术可分为两类，一种是连续式捆烧技术，可以实现燃烧过程中连续进料、连续清灰，维持燃烧室内稳定的燃烧状态，炉膛温度波动幅度较小，有利于智能化操作，适合大型集中供暖区域；另一种是序批式捆烧技术，即将燃烧室内的秸秆燃料全部烧完后再重新进料燃烧的方式，其特点是进料为续批，占地面积小，运行操作简捷方便，但由于配风结构受到限制，通常用于小型供暖机构（贾吉秀等，2019）。

2. 秸秆成型燃料技术

截止到2021年底，我国有秸秆成型燃料厂及加工点有2731处，产量达1449万吨。中国农业科学院、中国农业大学、中国科学院广州能源研究所等国内多家科研机构致力于降低秸秆成型燃料生产的成本，通过改进设备、工艺和原材料选取等方面，使环模颗粒机、压块成型机等关键部件寿命从 300h 增加到 600~800h，能耗从 100kW·h 以上降低到不超过 60kW·h（姚宗路等，2016；Liu 等，2017；李伟振等，2018；Fang 等，2022）。非木质类生物质是我国生产成型燃料的主要原料，其中秸秆成型燃料技术标准体系逐步建立，可基本满足产业化发展需要，在产业模式探索方面也取得了积极进展。近些年，我国已研制出规模化、低能耗秸秆成型成套生产线，将原料预处理、粉碎、成型工艺组合集成为一体化成型燃料生产设备，采取以乡镇为单位建立成型燃料厂的方式，开发了适合我国国情的秸秆成型燃料技术，建成了多个万吨级示范基地。

3. 生物质发电/热电联产技术

截止到 2021 年底，我国农林生物质发电项目（包括秸秆及林业剩余物）并网装机容量达 1.7 万兆瓦，每年上网总电量约为 536 亿度，其中秸秆发电量为 214 亿度（约占 40%）。秸秆发电的主要技术有秸秆直燃发电、秸秆间接耦合发电和秸秆气化发电（肖申等，2019）。直燃发电技术起源于丹麦 BWE 公司，属于相对成熟且应用较为广泛的技术路线（冯泳程等，2018）。拥有运行效果较好的间接耦合式发电机组的公司有芬兰 Vaskiluoti 电厂、比利时 Ruien 电厂、奥地利 Zeltweg 电厂以及国内的大唐长山热电厂和国电长源荆门发电有限公司。国外机组使用的燃料大多是木质类生物质，这类燃料的灰分、碱金属和氯含量较少，气化得到的低热值燃气经过加热后与煤粉直流炉结合燃烧，将循环流化床锅炉分离器尾部得到的烟气送入煤粉炉燃烧，对煤粉炉的运行影响也比较小。我国作为农业大国，生物质燃料多采用农林剩余物，主要是秸秆，其碱金属、灰分和氯含量较高，所以国内机组通常需要安装除尘净化设备，导致建设成本更高（张开萍等，2021）。

4. 沼气/生物天然气技术

截止到 2021 年底，我国以畜禽粪污、秸秆等农业废弃物为原料的各类中小型沼气工程和大型及超大型沼气工程分别为 8.6 万处和 7212 处，总装机容量达 357.9 兆瓦，包括 57 处规模化生物天然气工程，年产气 1.65 亿立方米。当前我国沼气工程在预处理、厌氧工艺、沼气净化提纯以及沼液沼渣综合利用等方面，可以依据原料特性，形成与行业政策相符的发展模式，实现了废弃生物质资源的肥料化和能源化利用，涌现了以 CSTR、UASB 等高效厌氧反应器为代表的一大批工程示范项目，实现了沼气用于供热、发电和生物天然气等多种成功应用场景。中国农业大学在沼气技术研究方面取得了重要突破，该技术专注于微生物群落结构与功能的调控，通过优化微生物组成，提高废弃物降解效率，从而提高沼气产量（Cheng 等，2018）。东华大学在沼气污水处理系统方面的研究，将污水处理与沼气产生相结合，实现了资源的最大化利用（Song 等，2021）。另外，清华大学在大规模农村沼气工程方面做出了积极努力，探索出新型沼气发酵系统，提高了农村沼气站的技术水平和运行效率（Wu 等，2023）。华中科技大学在智能化沼气发酵系统方面有着深入研究，利用先进的传感技术和自动控制策略，实现实时监测和精确控制，提高发酵过程中的稳定性和产气效率（Liao 等，2014）。

5. 生物质液体燃料技术

生物质液体燃料主要包括燃料乙醇和生物柴油，我国生物质液体燃料年产量约为 400 万吨，能够替代石油为交通领域节能降碳拓宽新途径。我国在生物质原料供应、乙醇生产、乙醇与组分油混配、储运和流通及相关配套政策、标准、法规等方面建立了较为完善的燃料乙醇产业体系，产业规模居世界第三位。我国燃料乙醇工业主要分布在河南、安徽、吉林等粮食主要产区，主要以玉米、小麦、木薯和甜高粱为生产原料。燃料乙醇产能约为 320 万吨，规划的燃料乙醇项目产能约为 588 万吨，在建和规划的总产能为 908 万吨。粮食燃料乙醇总产能为 654 万吨，占总产能的 72.03%。木薯等非粮食燃料乙醇总产能为 168 万吨，占总产能的 18.50%。纤维素燃料乙醇总产能为 86 万吨，占总产能的 9.47%。燃料乙醇生产技术主要包括第一代和第二代。其中，第一代技术已经比较成熟。而以纤维素为原料生产乙醇的第二代技术仍在发展过程中（Shahabaldin 等，2020）。

6. 秸秆炭气联产技术

我国从 20 世纪 70 年代开始对生物质能源开发支持力度加大，热解炭化工艺及设备研究得到快速发展。2017 年我国成立了中国生物炭产业技术创新战略联盟，联盟由沈阳农业大学等国内相关高院校、科研机构和企业共 26 家单位组成，涉及生物炭应用基础研究、炭化装备与工艺开发、炭基产品研制、成果转化、产业体系建设等各个环节，推动了生物质热解技术发展。湖北蓝焰生态能源有限公司建设的生物质热解炭气油联产示范工程，项目总投资 1.96 亿元，占地 90 亩，安装生物质热解联产生产线 2 条，设计年处理秸秆 5 万吨，完全达产后年产生物质燃气 1139 万立方米，可向周边 6000 户居民集中供气，年发电 996 万度，年产生物炭 11398 吨、木焦油 1922 吨、木醋液 9516 吨。山东理工大学设计的新型下管热解示范装置，生物质处理量超过 50kg/h。该系统通过引风机将换热器剩余的高温烟气导入反应器内，为热解提供额外的热量，提高能源利用效率（Wang 等，2021）。

总的来看，国内外生物质能技术创新已经取得进展，在成型燃料、捆烧供热技术方面，研发了高效燃烧技术调控方法，集成研发烟尘净化技术，研制了一系列燃烧锅炉和炉具。在厌氧发酵技术方面，研发了高效农业农村废弃物高浓度湿法、干法、干湿耦合气肥联产技术装备，提高了多原料协同产气、生物质转化效率；开发出添加功能菌群、微量元素、生物炭，以及沼液回流等强化工艺，创制了一体化两相、连续横推流、小型移动序批干法气肥联产智能化装备以及车库式干发酵装备，初步建立了智能失稳预警监测体系。在热解气化多联产方面，突破了连续热解炭化、热解气净化提质、生物炭多元高值利用等关键技术，开发热解气催化合成及在线焦油监测技术，研发热解炭气联产成套设备。此外，生物质制氢、纤维素燃料乙醇、炭基材料等高值产品仍处于技术研发阶段。

（三）机遇和挑战

1. 农业生物质能利用支持政策不完善

生物质能的村镇地区利用在国家层面仍缺乏统一、明确的政策支持，生物质能作为一种绿色、低碳、可再生的清洁能源，地方对其的认知也不统一，有的省份甚至将其列入高污染燃料范围，导致地方在推动生物质能清洁取暖时有顾虑、有包袱，担心有政策风险。受经济社会发展水平、能源基础设施条件、居民消费承受能力及传统生活用能习惯等因素制约，"煤改气""煤改电"等主推清洁取暖方式在农村地区受到不同程度的限制，点多面广、情况复杂的农村地区成为推进清洁取暖工作的难点，而从现有政策框架看，以分散取暖为主、经济承受能力较弱、不具备清洁能源替代条件的农村地区，还缺乏明确稳定的政策支持和发展条件，农村沼气、秸秆打捆直燃、成型燃料等清洁取暖方式难以全面享受国家北方清洁取暖优惠政策。生物天然气和生物质发电并入燃气管网和电网的政策支撑体系不完善，农业废弃物原料收储体系政策不完善。

2. 农业废弃物原料收集难度大

受制于我国分田到户的农业生产方式，以及区域性和分散性种植等特点，农林生物质原料难以实现大规模收集。一是秸秆等生物质原料自身密度低，形态松散，堆放存储占用空间大，储运成本高，收集半径受限制。二是秸秆收集价格不稳定，储备有限，容易出现燃料供应不足等问题。收储运队伍专业性不足，在收储运过程中对秸秆的杂质、水分、安全等方面控制和管理不严，秸秆供应质量得不到保障。三是秸秆收储运服务主体大多没有与农民签订正式合同，即使签订合同也没有完全按照合同执行，导致服务争议和纠纷时常发生。

3. 商业化运营模式不成熟

生物质能利用涉及原料的收储运、设备的运营管理、热力的计量和收费、户用炉具的维修更换等多个环节，产业链较长，与千家万户密切相关。特别是适用于村镇地区的生物质能供暖技术，其利益相关方包括采暖用户、秸秆产生者、秸秆收集者、供热设备生产商、供热项目投资商、地方政府等，由于缺乏成熟的商业模式，各方利益分配与平衡困难较大，很难实现共赢。

4. 受化石能源市场波动影响大

边远农村人口分散，人员收入低，可再生能源利用工作推进比较困难，散户清洁取暖补贴政策难以实施。由于生物质能清洁取暖可在农户需求侧直接替代散煤，在燃料经济性上与散煤存在互补关系，煤炭价格涨跌直接影响生物质能清洁取暖技术模式的推广应用，在没有国家补贴支持或强制配额政策出台的情况下，生物质能生产成本相对高，不具备市场竞争优势。据 2017 年冬季调查，辽宁省每吨煤炭价格高于 500 元时，秸秆打捆直燃集中供暖具有竞争优势；黑龙江省每吨煤炭价格高于 750 元时，秸秆压块成型燃料供暖具有竞争优势。生物天然气生产成本约为每立方米 2.5~2.7 元，销售价格应达到每立方米 2.8~3.0 元才能维持企业正常运营，比国家发展改革委规定的天然气基准门站价格每立方米高 1 元左右。

5. 生物质能技术研发应用水平待提升

生物质能标准规范不健全，没有建立标准化的收储运设备系统，机械化程度差异大，成本和效率不一。尚未制定国家生物质锅炉、热解气化装备、沼气发酵装备等的加工、制造及排放标准，目前执行借鉴燃煤、燃气等相关标准。设备准入门槛低，市场没有衡量设备实际状况的技术检测和鉴定手段。

（四）结论和建议

1. 加强农村可再生能源利用顶层设计

进一步发挥战略规划的引领作用，分区域评价秸秆、粪污等生物质资源可能源化利用的资源禀赋、技术水平和市场需求，确定农村生活用能替代的区域布局、重点任务和实施路径，因地制宜确定农村可再生能源产业发展路径。农村清洁用能不能照搬城镇模式，应充分结合农村资源禀赋、能源可及性、经济承受力、居民习惯等实际情况，加强农村可再生能源利用的顶层设计，科学确定可再生能源利用技术路线，明确各种技术路径的应用前提、适用区域、经济成本、用能效果与节能减排效益。如在秸秆等生物质资源丰富的东北农村地区，应着重推广"秸秆打捆直燃锅炉"集中式供热、"成型燃料+生物质锅炉"分布式供热、"成型燃料+户用炉具"分散式取暖等方式，一方面替代散煤减少大气污染，实现减污降碳协同增效，另一方面促进农业资源循环利用，推动农民增收和乡村振兴。

2. 完善政策机制支撑

落实《可再生能源法》等相关规定，出台促进产业发展政策意见，明确经济激励措施，完善用地、用电、财税等优惠政策，完善财政支持农村清洁低碳能源发展的长效机制，推广绿色信贷和融资模式，鼓励各地出台优惠政策，在生物质原料收储、用电用水用地、产品保障性收购等方面稳定支持秸秆能源产业发展。探索建立生物天然气配额制，分类制定终端产品补贴标准、扶持方式、补贴对象，做到精准施策、长期扶持。在北方地区冬季清洁取暖工作中，参照"煤改电""煤改气"，对"煤改生物质"给予重点支持。明确从事秸秆收储初加工、秸秆打捆直燃供暖、秸秆成型燃料生产等企业、合作社享受农用电价格的优惠政策。对户用生物质成型燃料炊事采暖炉具、专用锅炉、供暖管网等产品设施给予一定比例的补贴。将生物质清洁供暖相关企业纳入税收、信贷优惠政策支持范围。

3. 加大科技创新支持力度

以降碳减排为目标，设立秸秆等生物质能研发重点专项，构建适宜区域特点的生物质能分布式、多元化利用技术体系，提出生物质能高效碳减排全链条综合解决方案，研发热解炭气联产过程强化传质传热、过程调控与产物提质技术，创新秸秆捆烧和成型燃料低氮燃烧调控与颗粒物脱除技术，集成研发关键技术和成套装备。加强前沿技术储备，加快生物质高价值能源产品战略技术攻关，突破新产业、新技术的堵点、卡点，研发生物炭吸附、储能等炭基材料产品，提升固碳减排效益；加快航空燃油、制氢等高价值燃料技术研发，加快中长链脂肪酸、平台化合物等高价值化学品创制，以及生物基可降解等材料研发。

4. 创新运营模式，开展示范试点

开展低碳零碳乡村建设行动，选择一批有特色产业的乡村，引导农业生产、乡村产业和生活用能利用秸秆等生物质能，推动一批乡镇或乡村率先实现碳达峰碳中和。推进生物质清洁取暖行动，因地制宜推广应用打捆直燃、成型燃料，建设一批生物质清洁供暖示范村镇（园区）、"成型燃料+专用炉具"分散取暖示范户，稳妥推进直燃发电向热电联产转型升级，为乡镇供暖及为工业园区供热。探索分散型农村生物质能取暖、供气模式，鼓励在居住分散、集中供暖供气困难、生物质资源丰富的农村地区，以县域为单位统筹考虑开展生物质能加工站建设试点，以农作物秸秆、畜禽粪污等农业生物质原料为重点，加快建设企业主导、政府推动、农户参与的生物质原料收储运网络体系。推进清洁燃气转型升级行动，因地制宜建设大型沼气工程、生物天然气工程、区域性沼气生物天然气中心等，推进集中供气供暖、车用或并网燃气等高质量利用，开展生物质热解气化热、炭、气、电多元利用工程试点。支持"生物质能+"多能互补利用行动，根据不同地区可再生能源特点，积极探索生物质能与太阳能、空气热能等多能互补利用的技术路径与模式。

5.加强标准体系与核算认证体系建设

生物质能取暖作为农村分散式清洁取暖的有效方式，应该有自己独立的能源属性和地位，建议制定符合国情的生物质能技术、装备、工程、排放要求等系列标准。建立农业生物质能减排监测、核算、认证体系，更准确、更有效地掌握和评价农业生物质能排放现状及减排潜力，科学核算农业农村减排固碳贡献，为推动农业碳减排纳入交易市场等提供数据支撑。

六　农机渔机节能减排

（一）科技前沿进展、热点话题

国内外关于农机装备节能降耗的研究主要围绕农机装备技术升级、能源绿色化替代、作业模式创新、智慧农机体系、农机社会化服务等。农机装备的升级换代、农机作业和管理水平的提高，能够有效降低农业机械单位作业面积的耗能水平，从而结构性地实现低碳发展。农机装备技术水平提高促进农业低碳化发展的途径主要有以下几个方面。一是增效减排。据测算，大中型拖拉机和农用运输车比小型拖拉机及农机具的效率高10%～20%，相应地油耗也降低10%～20%，油耗降低自然带来温室气体排放的减少。大型农业机械多在大地块连片集中作业，降低了频繁转移作业场地造成的燃油大量非作业能耗。二是替代减排。通过生物燃油来部分取代化工燃油，降低碳含量。研发适应生物燃油的新型农机发动机，提升燃料燃烧效率，通过采用新型技术，装备专用冷却系统，降低动力消耗，增强动力性能，从而实现低碳减排。三是协作减排。通过农机农艺的良好结合，利用先进装备一次进地进行多项作业及复式耕作作业，完成旋耕、起垄、施肥、播种、镇压、喷药等作业，减少辅助环节从而提高农机具作业效率，降低油耗和废气排放。四是间接减排。通过实现农机农艺的深度融合，使得测土配方、保护性耕作、农膜回收、秸秆还田等技术能以高效率、低成本的方式有效实施，提高化肥、农药等农业投入品的利用效率，保护土壤碳库，提高固碳增汇能力，促进农业资源的回收利用（马边防，2016）。

我国以燃油为动力的农机数量庞大。2019 年我国农机总量近两亿台（套），其中拖拉机保有量为 2240 万台，年消耗柴油约 0.53 亿吨，排放二氧化碳 1.66 亿吨。柴油因"跑、冒、滴、漏"进入农田里，对水源和土地造成严重污染。在低碳减排的大背景下，加快农机电动化的步伐，对于减少环境污染、降低温室气体排放具有重要作用。目前我国农机电动化已经起步，农业农村部等有关部门相继出台政策，加快高污染农机的淘汰进度，推进农机电动化进程。对于 20千瓦以下的小型农机，使用锂电池的综合成本已经可以和内燃机的使用成本持平，且使用锂电池更易提高工作质量和减少噪声。因储能容量及成本问题，锂电池并不适用于大功率农机装备，可以探索燃料电池和锂电池配合使用的电电混合技术（王诚鹏和王文蔚，2023）。在拖拉机和农业机械中增加电力驱动有利于提高能源效率和扩展功能，从而降低燃料消耗和二氧化碳排放（G. P. Moreda 等，2016）。目前农业生产从肥料制造到田间作业的机械，在很大程度上依赖于化石燃料。随着全球能源消耗的迅速增加，能源价格的上涨和全球变暖将对农业产生直接影响，未来的农场应该自给自足，以抵消高昂的能源成本和全球变暖。例如可将光伏、风力、农业可再生能源（如生物能源）发电用于各类农畜渔生产、灌溉水泵、干燥和冷藏保鲜设备等农业设备，有效利用可再生能源配合节能管理策略，有助于实现可持续农业目标（Yaqoob 等，2023）。

2022 年，农业农村部、国家发展改革委联合印发《农业农村减排固碳实施方案》，对推动农业农村减排固碳工作作出系统部署，明确提出农机节能减排领域重点任务，指出要加快老旧农机报废更新进度，推广先进适用的低碳节能农机装备，降低化石能源消耗和二氧化碳排放。推广新能源技术，优化农机装备结构，加快绿色、智能、复式、高效农机化技术装备普及应用。《农业农村减排固碳实施方案》同时部署多项重大行动。农机绿色节能行动要以粮食和重要农产品生产所需农机为重点，推进节能减排。实施更为严格的农机排放标准，减少废气排放。因地制宜发展复式、高效农机装备和电动农机装备，培育壮大新型农机服务组织，提供高效便捷的农机作业服务，减少种子、化肥、农药、水资源用量，提升作业效率，降低能源消耗。加快侧深施肥、精准施药、节水灌溉、高性能免耕播种等机械装备推广应用，大力示范推广节种节水节能节肥节药的农机化技术。实施农机报废更新补贴政策，加大能耗高、排放高、损失大、安全性能低的老旧农机淘汰力度。渔业减排增汇行动要以重要渔业产区为重点，推进渔业设施和渔船装备节能改造，大力发展水产低碳养殖，推广节能养殖机械。淘汰老旧木质渔船，鼓励建造玻璃钢等新材料渔船，推动渔船节能装备配置和升级换代。推进池塘标准化改造和尾水治理，发展工厂化、集装箱等循环水养殖。在近海及滩涂等主要渔业水域，开展多营养层级立体生态养殖，提升贝类藻类固碳能力，增加渔业碳汇。

（二）主流技术和突破性技术

1. 农用柴/汽油机节能减排技术

随着我国农业综合机械化水平的快速提升，中型、大型高效农机和渔机装备现已广泛使用，能源消耗和温室气体排放随之持续增加。

我国农机和渔机普遍存在能源消耗量大、燃烧热效率低、排污严重等问题，对能源节约和生态环境造成了较大影响。近年来，国内外针对农用柴/汽油机节能减排问题，开展了高压共轨电喷、新型进气增压、机外排放控制、联合动力等联合技术攻关，以提高燃油利用率、减少废气排放。

一是高压共轨电喷技术。由高压油泵、压力传感器和 ECU 组成闭环系统，将油压的产生和喷射过程完全分开，实现缸内气体运动、燃油喷射和燃烧室结构的最优组配，喷射压力、喷油时间、喷油量均可以精确灵活控制。高压共轨系统已发展至第三代，电磁阀替代压电执行器，喷射控制更加精确，最小喷油量可控制在 $0.5\,mm^3$，大幅减少碳烟和 NO_x 的排放，提升燃油利用率，代表着燃油喷射最前沿技术和未来发展趋势。

二是新型进气增压技术。采用相继增压、可变截面涡轮增压、中冷增压、废气增压、能量再生系统等新型增压结构或系统，提高增压比，增加进气量，提高气缸充量容积效率和空燃比，从而提高燃烧做功能力，大幅提高输出功率。此外，在输出功率不变条件下，大幅降低废弃烟度、废弃温度和发动机热负荷，节能减排优势明显。新型进气增压技术在发动机发展史上具有里程碑意义。

三是机外排放控制技术。采用污染物捕集、选择性催化还原、氧化催化或废气再循环等方法对发动机排出废气进行后处理。具体可通过给发动机的不同功率段加装不同后处理装置来实现排放控制，如加装微粒捕集器（DPF）可有效清除废气中的微粒，加装选择性催化还原装置（SCR）可有效减少 NO_x 的排放，加装氧化型催化转化器（DOC）可将废气中稀薄的 NO_x 吸附后再进行集中处理，加装废气再循环系统（EGR）能有效减少燃烧中氧含量，从而减少 NO_x 的生成和排放，机外排放控制技术已成为控制发动机废气排放的主攻方向和重要手段。

四是联合动力技术。该技术是指传统柴/汽油动力与电能、燃料电池、太阳能等新能源动力的混合使用。其中，油电集成化联合动力技术较为成熟，应用最广泛。油电集成化联合动力技术是在保留传统发动机的基础上，配合电池和电动马达提供辅助动力，通过优化发动机工作点、减少怠速时间、回收制动能量、储存多余能量等方法，使得发动机始终保持在综合性能最佳的工作区域，从而有效降低油耗与排放。联合动力技术作为提高发动机动力性和燃油经济性的重要技术手段，越发受到各国政府和生产商的重视，是农用柴/汽油机节能减排的最优解决方案之一。

2. 全量秸秆硬茬地免耕、高质播种一体化技术装备

农业农村部南京农业机械化研究所为破解我国秸秆焚烧屡禁不止重大难题，提升农田固碳能力，面对农作物收获后秸秆未做任何收集移出与耕整地处理的"全量秸秆硬茬地"作业工况，研发出秸秆粉碎、拾起输送、种床整理、施肥播种、跨越抛撒和秸秆粉碎、种行清秸、行间覆秸、播种施肥等全量秸秆还田整地播种一体化技术，创造了全量秸秆硬茬地免耕固碳与顺畅机播新途径。集成创制出"碎秸整体跨越匀覆"和"碎秸整体行间集覆"全量秸秆硬茬地多功能一体化播种两大系列技术装备。

该技术对农田减排固碳具有重要意义：一是有效解决全量秸秆硬茬地耕作播种的障碍；二是较传统机播方式，减少机具下田次数3~4次，减少机具能源消耗、降低作业成本50%以上；三是减少对土壤的扰动，降低土壤侵蚀，促进蓄水保墒，提高表层土壤有机碳含量，增强土壤固碳能力。此外，该技术破解了挂秸壅堵、架种、晾种的难题，种子着床可靠、覆土可靠；实现了秸秆精细覆还，保温保墒、封闭杂草，降低秸秆还田当茬耗氮量，增产效果显著。成果技术已转让给多家农机企业，得到有效转化应用，并连续多年被农业农村部列为主推技术，2018年起亦被江苏省列为秸秆机械化还田首选技术，已

在豫、鲁、苏、皖等十多个省份推广应用，亦在俄罗斯远东地区获得应用，推广应用前景广阔。

3. 农作物秸秆离田资源化利用装备

我国在秸秆收储运方面，机械化生产程度较低，许多方面的机械化生产还是空白。现有机具主要包括割茬机、秸秆捡拾机、打捆机、抓草机、运输机等，机型以小型为主，应用范围小。虽然农机装备应用正迅速发展，但仍存在产品性能及可靠性偏低、作业效率低、各环节装备应用不平衡等问题，缺少与秸秆工业化利用相配套的大中型设备；生产企业规模小、装备落后，缺少先进技术的应用。因此，大力加快高效、低成本农作物秸秆原料的收集、运输、处理和存储运输技术的自主研发，对于提高农业装备水平，解决严重制约农作物秸秆规模化工业利用的突出问题，促进秸秆资源的高质高效利用和农业低碳发展具有重要意义。

农业农村部南京农业机械化研究所农业生产废弃物资源化利用装备创新团队针对农作物秸秆等农村多元废弃物，在机械化收储运装备技术方向，创新研发了自走式秸秆捡拾打捆等秸秆快速离田技术和装备以及低能耗均质破碎、压缩成型等预处理技术和装备，研究适于不同利用途径特点的秸秆收集、转运、预处理装备技术体系、配置方案和作业模式。在能源化利用技术和装备方向，研究适于农村特点的模块化、分布式干法厌氧发酵处理装备、工艺和运行模式。在肥料化利用技术和装备方向，以农村源头就近堆肥还田模式为出发点，研究适于多元有机废弃物的一体化快速好氧发酵、田头轻简化堆肥处理技术和装备，该技术和装备已在全国多地推广应用，且入选 2020 年江苏省农业农村厅发布的耕地质量保护与化肥减量增效新技术、新产品、新装备、新模式科技成果。

4. 秸秆颗粒田间就地原位快速制作与土地快速培肥技术

针对常规秸秆还田方式效果好但见效慢、离田工厂化加工收运成本高、仓储占地大和火灾隐患多等问题，中国农业科学院农业资源与农业区划研究所自主研制出田间自走式、牵引式秸秆捡拾—颗粒制作一体化机械，可在田间将量多体大的玉米等作物秸秆就地制作成体积缩小至 1/10~1/15、密度提高 7~10 倍的秸秆颗粒。这样制作的秸秆颗粒还具有施用简便、当季易腐解的优点。

该技术实现了装备和土壤培肥技术相结合。一方面将秸秆捡拾、传送、粉碎、压缩制粒等多个机械设备通过有机衔接融为一体，制造出田间秸秆捡拾颗粒制作一体机，使其变成可移动的秸秆颗粒加工工厂，突破单一功能，实现技术集成创新；另一方面秸秆制成颗粒后可以实现高量还田，土壤培肥效果好、见效快，是土地快速培肥的突破性技术。此外，秸秆颗粒既可以通过炭化技术生成生物质炭，与氮、磷、钾三大肥料掺和在一起，制成炭基复合肥，还可以进一步开发成系列产品，如饲料、燃料等。

5. 农机装备智能作业技术

农机装备智能作业技术是指利用人工智能、物联网、云计算、大数据等技术，使农机装备具备自动驾驶、智能感知、智能决策、智能调控等功能，实现精细整地、变量施肥、精量播种、无人植保、精准喷洒、精准收获、低耗干燥等智能化作业，推进农业生产全过程、全天候、少人化或无人化作业。通过农机装备智能作业技术的应用，能够有效减少水、种子、农药、化肥、农膜等农资使用量，提升农机装备作业质量、作业效率、可靠性和适用性，有效减少柴油、汽油、天然气等化石能源消耗，达到农机减排固碳的目的，对实现"双碳"目标具有积极意义。"十四五"期间，我国大力发展以绿色、低碳、智能、高效为理念的智能农机，推动农机装备向智能化、绿色化升级，助力实现国家"双碳"战略目标，促进提高农业生产力。农机装备智能作业技术已成为农业农村绿色低碳发展的重要方向之一。

6. 新材料渔船建造技术

我国在绿色船型建造、配套设备的绿色化、特殊减排技术、船舶材料循环利用等方面取得了一定成果，紧跟世界发展趋势。通过深入开展新材料渔船的用户调查，分析渔业捕捞和休闲渔业的作业方式、船型需求和海上休闲种类，组织研发出安全舒适、节能环保的标准化船型。开展玻璃钢等新材料渔船建造与应用关键技术研究，提炼形成突破性研究成果，并在行业内共享。积极推进新材料渔船的技术标准体系的立项、制定与发布实施，推进玻璃钢等新材料渔船高质量发展。针对玻璃钢材质不易降解的特性，研究形成适合我国国情的废料和报废材料的后处理方法，消除海洋环境污染隐患。进一步严格玻璃钢渔船建造过程中废料处置规定与办法。通过为渔业主管部门制定政策和管理措施提供技术咨询，确保我国渔船更新改造项目规范有序地开展。

（三）机遇和挑战

农机和渔机装备不仅是温室气体排放源，更是固碳增汇的重要装备支撑。农机和渔机装备绿色低碳发展处于前所未有的机遇期，但也面临着严峻挑战。

1. 机遇

近年来，我国高度重视农机和渔机装备节能减排工作，大力推进低能高效烘干、新能源替代、保护性耕作、同步侧深施肥、耕播联合作业、智能节水灌溉、水肥一体化、农业废弃物资源化利用、牲畜渔业智慧化养殖等农业绿色机械化生产技术的创新研发和推广应用。2021 年 11 月，农业农村部首次以减排固碳为主题发布了农业农村减排固碳十大技术模式，其中，保护性耕作固碳技术、秸秆还田固碳技术、牧草生产固碳技术、渔业综合养殖碳汇技术、秸秆能源化利用技术 5 种模式均需要提供农机或渔机装备作为支撑。2022 年 6 月，农业农村部、国家发展改革委联合印发《农业农村减排固碳实施方案》，将农机绿色节能行动列入十项重大行动，提出以粮食和重要农产品生产所需农机为重点，推进农机节能减排。2020年3月，农业农村部、财政部联合印发《东北黑土地保护性耕作行动计划（2020—2025年）》，力争到2025年，东北地区保护性耕作面积达到1.4亿亩，占东北适宜区域耕地总面积的70%。该行动计划明确要求重点推广秸秆覆盖还田免耕和秸秆覆盖还田少耕两种保护性耕作技术类型，采用高性能免耕播种机，确保播种质量。除此之外，各级地方政府也相继出台了一系列农机减排固碳政策，为全面提升我国农业机械绿色发展水平和农业高质量发展水平提供了巨大机遇。

2. 挑战

我国农机节能减排技术尚处于发展初期。由于我国农业生产区域分布、基础条件、生产模式、组织方式等均与发达国家差异较大，发达国家现有农机节能减排技术无法直接满足我国农业农村低碳发展的需要，因此，我国农机节能减排技术只能立足自主创新。农机节能减排技术涉及农用发动机、农业新能源、农业机械、农业信息、农业水土、农药化肥、种植农艺、智能调度等多个专业领域，需要统筹谋划、深度融合、协同推进；此外，农机节能减排技术涉及很多新技术、新原理、新机构，而我国在这方面的基础研究薄弱、协同创新不足、技术储备不足，且目前所投入的人力、财力和精力仍远远不够，提升农机装备减排固碳技术水平任务艰巨。我国农机操作人员职业素养和环保意识不够，在使用农业机械生产过程中，并没有注意对环境的污染和破坏，农机操作方式粗放、技术水平低，生产过程中粮食损失、燃油浪费、污染物排放等问题突出。

（四）结论和建议

资源环境约束仍然是我国农业强国建设的突出瓶颈。我国农业发展必须追求保供给、保生态、保收入多目标的统一，推进农业发展全面绿色转型，实现农业生产、农村建设、乡村生活生态良性循环，这就需要大力推进农业品种和投入品相关的绿色装备研发和推广，强化农业废弃物资源化利用，加强畜禽粪污高效管理，完善粪污处理设施装备。加快培育秸秆收集加工和机械化收储运等市场主体，健全专业化社会化服务体系，通过市场机制推动农业可持续发展。

七　农业适应气候变化

（一）我国农业适应气候变化决策需求

气候变化作为重要的非传统安全挑战，对全球自然环境和经济社会发展构成严重威胁。世界气象组织发布的报告指出，1970～2021年，全球与极端天气、气候和水相关的事件造成了11778起灾害，死亡人数高于200万，经济损失达4.3万亿美元。我国极端天气气候事件呈现增加趋势，2000~2021年，气象灾害及其引发的次生地质灾害造成全国3亿人次受灾，总直接经济损失达到5.8万亿元。为减少气候变化带来的不利影响，2022年《联合国气候变化框架公约》COP27就"格拉斯哥—沙姆沙伊赫全球适应目标工作计划"议题进行了磋商，2023年COP28通过了"全球适应目标"，其中农业是核心领域之一。该目标呼吁采取有力度的适应行动，以提升适应气候变化的能力和效果。为在气候变化新形态下积极抵御气候风险，我国发布《国家适应气候变化战略2035》，确立了预防为主、底线思维，提升自然生态系统和经济社会系统气候韧性的基本方向。农业是对气候变化最脆弱、最敏感、受负面影响最大的经济部门，也将在我国适应气候变化行动中发挥主体作用。如何更加精准识别农业和敏感区域气候变化风险的复杂性、影响的广域性和深远性，如何更加完善适应气候变化的治理体系和格局，是支撑高质量发展和美丽中国目标实现的重要课题。

（1）《国家适应气候变化战略2035》在农业领域的落地实施，对农业的适应理论、模型、决策系统和平台都提出新的要求

《国家适应气候变化战略2035》以深远的视角分别提出了自然生态系统、经济社会系统适应气候变化的重点任务。我国气候类型复杂多样，区域差异大，经济社会发展状况不同，气候变化对我国农业和重大战略区域的影响也各不相同。《国家适应气候变化战略2035》兼顾气候特征相对一致性和行政区域相对完整性，提出了顺应自然、重点突出的适应气候变化区域任务。纵观全球局势，在IPCC提出的气候变化风险和适应循环决策理论体系中，过去的适应研究依赖于有限数据源，限制了适应决策全面性和可信度，阻碍了农业复杂适应问题更深层次的解析。为解决上述问题，通过建立一个综合利用多源异构数据的跨行业适应决策理论体系，整合不同来源的数据，为决策者提供更全面、更准确的适应决策科学依据，使其能够更系统、更有效地应对气候变化的挑战至关重要。为解决数据孤立和数据隔离问题，以及缺乏跨领域数据的综合问题，必须发展跨领域整合的综合决策支持系统，解决数据和模型兼容性问题，实现数据有效融合，提供全面综合的决策支持。现有决策支持平台存在模型和数据隔离问题，需要开发能实现气候变化数据和模型轻量级集成的跨领域气候—生态恢复力决策支持系统，提升决策效果。在应用场景方面，过去存在的零散、非系统集成的决策工具无法高效地为国家适应整体战略、争取国际话语权提供良好支撑，也无法实现各领域之间的协同。通过耦合多源异构大数据集和适应气候变化场景化应用，构建面向不同应用场景的适应性决策支持工具包，提升农业的决策适应能力，推动农业适应性发展。在平台的扩张性方面，多目标评估方法体系的研究需综合考虑气候变化和生物多样性保护的多重目标和约束条件，包括多标准决策分

析、多层次决策和不确定性分析等方法，以更好地协调国家气候适应性和生物多样性保护目标实现。

（2）应对气候变化政策和行动的重大需求推动经济学理论与方法快速发展，面向适应的气候变化经济学发展相对滞后但已临近爆发点

适应和减缓都能减少气候变化对人类社会经济发展的不利影响，气候变化经济学的目标就是在有限资源约束下，通过资源合理分配以最有效地减少气候变化对人类社会经济发展的不利影响和风险，而最佳的适应经济研究方法之一是采用综合评估模型（IAMs），将社会经济要素与地球物理和环境要素结合起来，对适应策略组合进行情景模拟及不确定性分析，从而更好理解气候变化对未来的影响，以及不同的适应气候决策后果。麻省理工学院综合全球系统模型 IGSM 耦合了综合评估模式 EPPA 与地球系统模式 MESM。综合地球系统模型 IESM 将综合评估模式 GCAM 与通用地球系统模式 CESM 进行耦合。国内的综合评估模式研究也有与地球系统模式耦合的尝试。例如，清华大学将多个综合评估模式与简单气候模式进行了耦合，将年均气候变量作为模式间传输的数据。经济社会系统与自然生态系统是双向影响的，但大多数综合评估模型主要侧重对减缓政策的情景模拟与分析，而对于适应政策及情景的研究尚处于起步阶段。其原因在于大多数综合评估模型并未纳入适应模块，因而难以对适应战略及情景进行有效模拟。第一个考虑适应的是 PAGE 模型，该模型以简单的方式模拟适应行动，假设仅需少量适应成本就可减少绝大部分的气候变化损失。后来的综合评估模型采用了更为全面的方法以纳入对适应的分析。一般而言，现有综合评估模型所包含的适应类型包括被动适应和主动适应两部分。被动适应指对已发生的气候影响的适应，如农民改变收割时间。主动适应指对预测未来气候变化而采取的适应措施，如修建海堤以预防未来海平面上升。早先的 IAMs 模型仅包括被动适

应，如 AD-DICE 和 AD-RICE 等。而最近的 IAMs 则既包括被动适应，也包括主动适应，如 AD-WITCH 和 AD-MERGE 等。这些模型还包括对适应能力（即 GDP 增长可增强地区的适应能力）及针对具体部门的不同适应选项的模拟。基于适应行动的深度和广度提升，适应气候变化经济将迎来快速发展期。

（3）"基于生态系统的适应治理"（EbA）在应对气候变化负面危害方面发挥重要作用，气候变化适应和生物多样性保护的协同需要加强

《生物多样性公约》COP10 提出基于生态系统的适应治理（Ecosystem-based Adaptation，EbA），将生物多样性和生态系统服务作为适应战略的一部分，以帮助人类应对气候变化的负面影响。在气候变化适应和生物多样性保护相互影响机制、协同效应方面，探究了气候变化改变物种分布、加快物种灭绝速度、造成自然栖息地退化的机理，以及生物多样性丧失通过降低生态系统碳汇能力，进而加剧气候变化的反馈机制。在治理成本方面，气候变化适应和生物多样性保护协同可以实现投入成本最小化、环境治理效益最大化。但在推进策略方面，现有研究表明法律制度、技术政策尚未形成有效推进二者协同的合力，亟须构建协同的国际规则，以及国家层面的政策制度框架、治理体系和发展路径等关键内容。中国积极参与和推进全球气候治理与保护生物多样性进程，取得了显著的成效，但现有研究表明，国内当前在气候变化适应和生物多样性保护协同领域仍处于起步阶段，诸多研究表明国内尚未建立起二者协同的体制机制，协同政策的出台缺乏一定的法律依据。国内气候变化适应和生物多样性保护研究在国家层面的气候治理或生物多样性保护相关战略、行动和规划等尚未充分考虑二者协同增效问题，只有聚焦增强自然碳汇能力的气候政策对保护生物多样性关注程度较高，并且在实践研究中存在空间范围覆盖不足问题。作为最大的发展中国家，中国不仅面临着气候变化适应和生

物多样性保护等任务，还肩负着经济建设、社会发展等重任，气候投资和生物多样性保护投资尚未形成合力，致使当前大量的投资也没有形成协同效应。如何实现中国生物多样性保护、生态系统服务提升和农业适应气候变化的协同效应是亟须解决的重大问题。

（二）国内外研究现状及发展前景

联合国政府间气候变化专门委员会第六次评估报告（IPCC AR6）提出"具有气候恢复力"的发展理念，将气候行动纳入决策能有效减少自然和人类的损失/损害。诺贝尔经济学奖获得者、耶鲁大学教授诺德豪斯认为提升气候变化适应能力至关重要。面对气候风险不断加剧的新情况，国内外研究的主要方向如下。

"全球适应目标"引领国际适应主流行动。《巴黎协议》提出"全球适应目标"，在COP28通过的"格拉斯哥—沙姆沙伊赫全球适应目标工作计划"明确了2030年及之后的全球适应目标。联合国环境规划署发布的《2022年适应差距报告》指出，《联合国气候变化框架公约》84%的缔约方制定了适应战略和政策，然而尚缺乏足够资源支撑适应行动开展，并且已开展的行动仅30%与气候风险相关。当前，气候敏感部门和"粮食—能源—水"等交叉领域的适应行动增多，但聚焦于减少气候变化物理损失的适应行动难以发挥协同作用，宏观经济层面的适应协同日益重要。

新一代气候变化经济学模型发展迅速。传统气候变化经济学的核心在于实现气候变化与经济学的结合，诺德豪斯第一个建立了综合评估模型，先后发展了DICE和RICE模型，聚焦减排方案的社会经济效应，将气候损失格点化，综合评估模型成为气候变化主流研究工具。随着气候变化的威胁增加，适应气候变化的紧迫性与现实性越来越突出，探索气候变化通过对自然生态系统的影响与经济社会系统相互作用的机制，深度耦合气候变化与自然生态系统、经济社会系统，发展新一代气候变化经济学综合评估模型，成为当前研究的热点。

当前适应决策从"无悔适应"转向"成本效益权衡适应"。气候变化深刻地改变了气候风险的要素构成与内涵，经济行业和生态领域原有的无悔或少悔决策模式受到了颠覆性挑战。《适应气候变化——原则、要求与指南（ISO14090）》提出了适应决策的基本框架，但已经实施的有限适应行动缺乏统一成效评估标准，难以进行成本效益权衡。基于气候变化经济学的成本收益决策，对适应措施效益进行经济度量，有助于提出具有针对性的建议。对特定区域和典型行业开展成本收益适应决策已有案例，但国家尺度和跨行业整合尚存空白。

在相关国际计划和国家主体研究计划项目等的支持下，我国适应科技总体正从"跟跑"向"并跑"转变，在适应技术体系构建、农林水部门适应技术、适应技术成本效益分析、区域适应案例与示范等方面处于国际研究的前列，这为我国适应行动与决策提供了重要支撑。

（三）机遇和挑战

为进一步加强重点部门的适应行动，我国 2022 年发布的《国家适应气候变化战略 2035》要求以农业领域为抓手，大力提升自然生态系统和经济社会系统的气候恢复力。在落实国家适应战略的过程中，我国农业适应决策部署在"适应目标定量化、适应路径精准化、适应决策系统化"等方面面临突出问题，在适应行动中面临诸多挑战。

适应目标难量化是我国适应行动进展较慢的重要原因，需要通过创新适应理论来形成适应统一的度量方法。在"3060 碳达峰碳中和"等定量化目标指引下，我国碳减排行动以强度控制为主，采用行政与市场结合的策略，取得了良好成效，而适应气候变化在资源配置和行动部署方面存在巨大差距。我国《国家适应气候变化战略 2035》当中的目标以定性描述为主，国家正在要求省级层面制定相关行动方案，但如何衔接两个层面工作、推动实施落地，在规范与要求等定量技术方面存在较大困难。适应目标难定量的主要原因包括，适应能力缺乏检测计量方法，对气候风险水平、适应潜力、投资意愿等认识不清楚，难以明确投资成本效益评估标准。因此，需要创新适应理论方法，形成适应行动成效的统一度量方法，通过量化适应目标来推动开展农业适应行动。

适应路径不清晰制约我国农业适应行动的精准部署，需要发展具备适应策略分析能力的综合模型。适应目标不明确导致适应行动部署不到位。IPCC AR6 明确指出，当前全球普遍存在"适应不足、过度适应"问题，并重申避免错误适应加大未来气候风险。确定适应路径面临的挑战包括对增量/转型适应抉择的认知不足，生物多样性保护和生态系统服务对提升行业适应能力的贡献不明，适应能力提升需求、技术发展方向不清晰。因此，需要加强对增量/转型适应的科学认知并将其纳入管理决策，发展嵌套适应策略的全球变化经济综合评估模型。

适应决策碎片化限制我国农业适应策略落地，需要研发跨行业综合适应决策平台。在 IPCC 提出的气候变化风险和适应决策框架中，过去的适应研究依赖于有限数据源，限制了适应决策全面性和可信度，阻碍了对农业深层次适应问题的解析。适应行动部门导向、任务分散、空间分散的问题突出，支撑适应决策的模型和数据互相隔离，适应策略整合优化方法与技术落后，集成大数据和 AI 算法的应用不足。因此，需要构建综合利用多源异构数据的跨行业综合适应决策系统和平台，支持国家 2035 适应目标、2030 生物多样性保护目标和2050 愿景的实现。

（四）结论和建议

随着全球适应目标相关谈判结果的提出，基于适应科技发展前景和落实国家适应战略面临的关键问题，在适应战略与目标设定方面，需要自上而下提出农业部门、分区域、细化定量的行业适应目标，解决适应基础性工作欠账；在适应行动推进方面，依托新一代气候变化经济学模型和方法的快速发展，预估适应的成本、效益和路径，推动增量适应与转型适应；在适应决策技术方面，综合适应决策与自然生态系统、经济社会系统的耦合互馈，构建综合性的适应决策平台，实现模型数据整合一体化，辅助适应决策，实现适应决策优化循环闭环。力争实现适应行动"目标由定性转向定量、模型双耦合转向多耦合、决策由分散转向综合"，实现农业适应科学决策部署与系统实施。

八 碳排放监测报告与核查体系构建

（一）科技前沿进展、热点话题

2007年，在"巴厘路线图"谈判授权下，《联合国气候变化框架公约》（UNFCCC）下温室气体排放可监测、可报告与可核查（Monitoring、Reporting and Verification，MRV）的具体规则，即强化透明度框架（Enhanced Transency Framework，ETF）确立（Zahar，2019）。为应对减排承诺国际履约，各国需建立自己国内的MRV体系，包含温室气体清单、政策行动、企业和项目等多个层面的工作（王田等，2020）。农业活动作为碳排放的关键领域，是我国温室气体清单的五大部门（能源活动，工业生产，农业，土地利用、土地利用变化和林业，废弃物处理）之一。需遵循联合国政府间气候变化专门委员会（IPCC）定期发布的温室气体清单编制指南，其中种养殖业温室气体排放主要包括稻田CH_4排放、农用地N_2O排放、动物肠道发酵CH_4排放以及动物粪便管理CH_4和N_2O排放等。由于基础数据监测、核算标准体系、方法学等的欠缺，我国国家温室气体清单农业各部门的不确定性达到 20% 以上，因此摸清农业碳排放家底，建立精准的碳排放核算方法学，构建完善的碳排放 MRV 体系，不仅将有力支撑农业低碳转型，也将积极贡献于我国的国际气候履约。

（二）主流技术和突破性技术

1. 国外研究进展

美国、日本、欧盟等发达国家和地区已经逐步建立温室气体 MRV 框架体系，相应的法律法规和规范标准也较为完善（李艳，2021）。欧盟是目前全球最为成熟的碳市场之一（袁剑琴，2022），其立足于碳市场将碳排放权作为促进手段，监测和报告是该系统的核心内容，第三方核查机构则是保证数据完整性和准确性的重要手段，因此欧盟通过颁布《监测和报告管理条例》以及《审定和核查管理条例》，从立法层面确保企业在监测和报告过程中严格遵守相应的规范条例，保证碳市场的正常运行。美国于 2009 年颁布的《温室气体强制报告制度》规定了 42 种工业等领域温室气体排放源，并给定需要报告企业的排放阈值，符合要求的企业主体需要每年在规定时间提交监测计划和上一年度的报告，通过第三方机构和政府核查人员对提交的计划进行审核，如有问题则需要修改后再次审核，合格后根据监测计划进行本年度的监测任务。报告方式上，美国采用网上报告系统，系统包含相应的核算方法学。核查方式上，则以自查的方式进行，通过相关质量控制对企业报送的数据进行完整性和一致性核查，对存在疑问的内容则通过政府和第三方机构现场核查。在计算方式上，采用监测、计算并用。日本通过了《京都议定书》《全球变暖对策推进法》两份文件并以立法形式建立 MRV 制度框架（孙天晴等，2016），规定了需要报告的 6 种温室气体，能源消耗和温室气体排放超过规定阈值的企业需要内部编制报告并接受政府相关部门监督，相关问题报告需要接受第三方核查机构的审查。研究了解发达国家对于 MRV 体系建设的经验，有助于我国建立适用于本国国情的 MRV 框架体系，为我国制定碳排放权交易体系打下坚实基础。农业作为重要温室气体排放源，在国家绿色低碳发展的目标下，农业碳排放纳入碳市场是大势所趋，因此需要研究构建科学、可靠的农业 MRV 体系，为农业碳市场运行打好基础。

2. 国内研究进展

近年来，我国也认真履约减排目标，并已出台相关法规文件保证碳市场制度的建立和实施。《国民经济和社会发展第十二个五年规划纲要》（以下简称《"十二五"规划纲要》）要求初步建立我国的碳排放交易市场；国家发展改革委办公厅于 2011 年发布的《关于开展碳排放权交易试点工作的通知》要求在我国部分地区进行碳市场运行试点，各省区市组织专家和学者积极开展并建立了地方的政策法规、相关行业的 MRV 体系及审核监督机构，初步建立了较为完整的制度（郑爽，2014）。2014 年 12 月，国家发展和改革委员会颁布了《碳排放权交易管理暂行办法》，进一步促进了全国碳交易市场的形成，相关的温室气体核算方法和指南也做出了相应规范。后来国务院制定的《碳排放权交易管理暂行条例》成为碳市场正常运转的标准。MRV 体系是碳交易市场中碳定价和管理机制的基石，我国在船舶、水泥、电网等许多领域已经初步建立 MRV 温室气体报送、审核机制（里玉洁和高光强，2018；程敏和张萃云，2019；赵金兰等，2019），在"双碳"目标下农业碳排放纳入碳排放权交易体系是大势所趋，因此探索农业 MRV 体系具有现实意义和政策需求。由于农业碳排放交易仍处于探索阶段，因此搭建种养殖业 MRV 体系仍面临许多问题，需要在清单层面完善工作机制，在政策行动层面建立指标体系，在企业层面建立自愿报告制度（王田等，2020）。针对农业减排，我国也出台了相关政策如保护性耕作、秸秆禁止焚烧和废弃物循环利用等控排措施（顾阿伦等，2010）。

国家温室气体清单编制。我国已初步建立温室气体清单编制国家体系，形成了一套完善的工作机制。我国共发布了 5 次国家温室气体清单数据，时间分别在 1994 年、2005 年、2010 年、2012 年和 2014年。国家温室气体清单编制工作由生态环境部应对气候变化司牵头，由国内科研机构和高校等实际实施，清单编制涉及的活动水平数据（基础统计数据、行业协会数据和典型企事业案例资料等）由国家统计局等相关部门负责协调提供。我国已经建立了国家温室气体清单数据库，但在清单基础数据收集、关键排放因子优化、信息存储以及质量控制和保证等方面的常态化管理仍面临较大挑战。养殖业碳排放清单编制需要大量的实地调研数据，诸多统计数据分散在不同部门，基础数据收集主要依托研究项目开展，缺乏部门间常态化的数据收集机制；在国别因子方面仅开展了主要畜禽氮排泄量等的实验测定，但部分较为详细的国别因子来自每 10 年 1 次的普查数据，时效性难以保证，这些都限制了我国养殖业碳排放清单编制的精准化进程。

碳排放核算是摸清农业碳排放底数、制定可行减排措施、构建 MRV 体系的基础和关键，农田温室气体排放核算方法有外推法（Wassmann 等，1993）、排放因子法（Yan 等，2009；Wang 等，2018）和模型法（Cheng 等，2013；Wang 等，2021）等。外推法通过具有代表性的某一点位试验数据评估区域或更大尺度的甲烷排放，Wassmann 等（1993）结合我国稻田点位数据估算 1988 年全球稻田甲烷排放总量为 100Tg，但甲烷排放受土壤性质、水分条件、有机物料等多种因素影响，基于某一点位试验来评估全球尺度的甲烷排放容易导致极大误差。《2006 年 IPCC 国家温室气体清单指南》提供了 3 种层级核算稻田甲烷排放的方法，其主要区别在于排放因子的选择，层级 1 方法采用 IPCC 推荐默认值，而层级 2 方法则根据不同国家特定排放因子和尺度因子，层级 3 方法为模型法，不同国家可根据活动数据的可获得性自行选择合适的方法。针对农业温室气体排放核算已有较多工具（Hillier 等，2011；Ogle 等，2013），这些工具均是基于 IPCC 方法框架。

省级温室气体清单编制。我国是 UNFCCC 首批缔约方之一，属于非附件一缔约方，需提交国家信息通报，中国第四次国家信息通报以及第三次两年更新报告工作正在实施。除了国家级温室气体清单编制外，省级温室气体清单是这项工作的有力支撑。2011 年，国家发展和改革委员会发布了《省级温室气体清单编制指南（试行）》，这是我国沿用至今的省级碳排放清单编制指南，该版本指南充分吸收了 IPCC 有关方法学，已在多个省份进行了应用，特别是随着我国碳市场配额分配减排机制的推行，各省份也相继开展了逐年度温室气体排放摸家底的行动，省级温室气体清单编制方法也逐渐完善，使得区域层面碳排放核算的工作更具科学性、规范性和可操作性。

企业层级温室气体排放核算方法。根据《"十二五"规划纲要》提出的"建立完善温室气体统计核算制度，逐步建立碳排放交易市场"和《"十二五"控制温室气体排放工作方案》（国发〔2011〕41 号）提出的"加快构建国家、地方、企业三级温室气体排放核算工作体系，实行重点企业直接报送温室气体排放和能源消费数据制度"的要求，为保证实现 2020 年单位 GDP 二氧化碳排放比 2005 年下降 40%~45%的目标，国家发展改革委组织编制了《中国发电企业温室气体排放核算方法与报告指南（试行）》等 24 个行业温室气体排放核算方法与报告指南，但并没有包含农业部门。此后，国家发展改革委又相继发布了《温室气体排放核算与报告要求》系列国家标准，也只涉及发电和电网等 10 个行业。由中国农业科学院农业环境与可持续发展研究所提交的该系列国家标准（种植业机构和养殖业机构）已经进入报批稿阶段。上述系列指南和国家标准，涉及各行业碳排放的核算边界、步骤、方法，还提出了碳排放报告的主体信息、碳排放量、活动数据及来源和排放因子相关信息，为企业和行业层级碳排放核算提供了规范，凸显了国家对于 MRV 标准化体系构建和完善的决心。

（三）机遇和挑战

对温室气体排放进行监测、报告和核查是履行国际公约、实现"双碳"目标的有效保障。在国际层面上，我国需定期向 UNFCCC 秘书处提交国家温室气体清单，并接受其审评和质询，农业温室气体排放的 MRV 可保障碳核算数据的精准可靠，为我国在气候外交领域争取话语权提供技术支撑。在国家层面上，推动"双碳"目标的实现要求我国在农业领域采取更为广泛的固碳减排政策，如何量化固碳减排政策的效果尚无指南，因此有必要建立 MRV 规则，推动农业领域的减排行动。在地方层面上，农业 MRV 体系的建立将能够更好地支撑省级农业温室气体清单编制，优化农业产业结构。在企业层面上，运用 MRV 有利于涉农企业自身进行碳管理，同时也为政府监管部门甄别高排放企业提供渠道，倒逼企业采取减排措施控制潜在成本，助力企业高质量发展。

我国农业 MRV 指南和国家标准迄今仍存在空白，制定农业温室气体排放的 MRV 指南存在诸多挑战。一是我国种植业主体大多数为小农户，人均耕地面积小，耕地分散，给温室气体排放的核算、监测和核查工作的开展带来了很大的困难；二是农民和企业缺乏参与温室气体排放监测和减排工作的动力和知识储备；三是缺乏健全的监管评估体系和标准。今后，随着相关指南和标准的制定和出台，我国农业特别是种养殖业碳排放 MRV 体系也将不断完善，更好地助力"双碳"战略的实施。

（四）结论和建议

对比国际经验，我国种养殖业温室气体 MRV 制度与能源和工业领域相比尚待完善，需要在清单层面完善工作机制、在政策行动层面建立指标体系、在企业层面建立自愿报告制度。建议如下。

一是加强碳排放 MRV 基础理论和技术体系研发与应用，填补我国农业农村碳排放 MRV 体系的空白，使之服务于国家温室气体清单编制，摸清碳排放底数，完善碳交易市场，为国家"双碳"战略提供数据支撑和决策依据。

二是加强基础创新，研发区域尺度天地空一体化农业系统温室气体排放及碳汇监测与精准评估技术。开发农业系统温室气体在线自动监测系统，研发碳汇计量和监测核算模型，优化测算方法和参数，完善国家温室气体清单编制方法，降低农业清单不确定性，摸清农业领域碳排放和碳汇底数，提供高质量高时空分辨率农业温室气体及碳汇监测结果，为国家"双碳"战略决策咨询提供精准数据。

三是推进技术应用，编制种养殖机构碳排放与碳汇核算与报告要求指南、方法学和国家标准。建立重点农业机构温室气体排放自主报告机制；制定农业碳排放核查规范和标准，建立完善的农业机构碳排放核查机制。

四是实施集成创新，研发农产品碳标签和碳认证规范、方法和指南。构建生态碳汇国家标准体系，开发农业碳核算方法学和项目，建立农业碳交易体制和平台，完善国家农业温室气体自愿减排交易市场。

九　农业农村减排固碳战略研究

据联合国粮食及农业组织（FAO）的统计，农业用地释放出的温室气体超过全球人为温室气体排放总量的 30%，相当于每年产生

150 亿吨的二氧化碳，农业农村减排固碳问题受到了社会各界的广泛关注。"双碳"目标是基于我国国情和科学论证提出的目标，是中国基于推动构建人类命运共同体的责任担当和实现可持续发展的内在要求而做出的重大战略决策，必将深刻推动经济、社会进步，促进经济、能源、环境、气候共赢和可持续发展。在"双碳"的背景下，发展绿色低碳循环农业，降低农业碳排放、提高碳汇能力是实现农业低碳转型、促进乡村绿色发展的必然要求（张俊飚和何可，2022）。2021 年 8 月颁布的《"十四五"全国农业绿色发展规划》将"加快建立绿色低碳循环农业产业体系"作为农业领域落实中央碳达峰、碳中和重大战略决策的重点。2021 年 10 月颁布的《中共中央 国务院关于完整准确全面贯彻新发展理念做好碳达峰碳中和工作的意见》提出了"加快推进农业绿色发展，促进农业固碳增效""开展耕地质量提升行动，实施国家黑土地保护工程，提升生态农业碳汇"等重点任务。

（一）机遇和挑战

1. 机遇

国际气候履约。2016 年我国签署了《巴黎协定》，之后分别于当年和 2021 年提交了两次国家自主贡献履约承诺，均涉及改进农业生产技术，推动低碳技术推广应用，减少农业温室气体排放，体现了我国积极参与全球应对气候变化行动的坚定信念，以及对农业绿色低碳发展的重视，也为我国农业农村低碳转型指明了发展方向。同时我国与欧盟坚定携手推进全球气候治理，捍卫多边主义及联合国权威，推进南南合作、南北对话。将绿色低碳作为"一带一路"建设的重点内容，采取了绿色基建、绿色能源、绿色交通、绿色金融等一系列举措，支持发展中国家低碳转型。

国内农业农村减排政策。我国政府向来高度重视应对气候变化工作，2021 年党中央、国务院又先后发布了《关于完整准确全面贯彻新发展理念做好碳达峰碳中和工作的意见》以及《2030 年前碳达峰行动方案》，各级党政企事业机构也相继出台了碳达峰行动方案及碳中和路线图，碳达峰碳中和战略"1+N"政策体系正在加快形成。2022 年，农业农村部、国家发展改革委联合印发了《农业农村减排固碳实施方案》，不断推进农业农村绿色低碳发展；农业农村部 2022 年印发《到 2025 年化肥减量化行动方案》《到 2025 年化学农药减量化行动方案》，要求建设一批化肥减量增效和绿色防控整建制推进县，不断提高化肥农药利用水平。"双碳"目标相继被写入政府工作报告和"十四五"规划，一系列低碳政策的出台，将为我国农业农村绿色发展和农业高质量发展提供巨大机遇（李丽颖，2023）。

2. 挑战

一是耕地系统固碳减排与粮食安全的协同发展存在挑战（吉雪强等，2023）。耕地系统为保障粮食安全发挥了重要作用，我国用 7% 的耕地面积养活了世界 22% 的人口，并在 2021 年实现粮食产量"十七连丰"，但是我国粮食持续增产的生态代价不容忽视，尤其是温室气体排放，1961~2018 年中国农业碳排放增加了 250%。具体来说，我国粮食增产主要得益于化肥、农药等农业生产资料的大量投入，而化肥已经成为耕地系统碳排放的主要碳源。此外，农业生产资料的过度投入还会引起土壤板结、土壤有机质含量下降等问题，直接导致耕地系统的固碳能力下降，这不仅不利于耕地资源的可持续集约利用，也给耕地系统固碳减排与粮食安全的协同发展带来了巨大的挑战。

二是当前耕地保护政策体系尚未充分考虑耕地系统固碳减排。耕地系统固碳减排的路径和目标与耕地可持续利用的路径、目标不完全一致。虽然我国在逐步完善耕地生态保护补偿制度，但是对于土壤的碳固潜力尚未给予足够的重视（熊飞雪等，2023）。加之耕地系统固碳减排测算技术尚未成熟，粮食生产区的固碳减排潜力评估调查不全面，建立耕地系统固碳减排补偿制度、碳税市场政策等方面存在阻碍。同时，尚未将耕地系统固碳减排纳入耕地保护的绩效考核体系中，耕地低碳利用的激励机制和补偿机制还有待进一步补充完善。

三是农业农村减排固碳的专门性政策缺乏且政策协调性不足（吴红霞和崔博宇，2023）。当前，针对农业农村减排固碳和推进"双碳"工作的专门性制度并不健全，农业农村减排固碳政策往往依附于其他领域的政策安排。作为"双碳"总体政策布局组成部分的《农业农村减排固碳实施方案》为农业农村减排固碳提供了全局性指导，从加强组织领导和政策创设等方面出发，提出要强化现有农业农村减排固碳支持政策的落实落地、研究建立核算认证体系、打造农业农村低碳零碳先导区等保障措施，但由于方案出台时间短，具体工作规划也尚未建立，地方政府实施农业农村减排固碳工作的方案未明确，尚未实现政策落地，农业碳汇交易市场制度还未建立、试点性区域或项目还未明确或实施，面向农民的减排固碳宣传和普及缺乏具体的依托政策。专门性政策缺乏会使农业农村减排固碳工作的实施存在一系列弊端，由于缺乏经验借鉴和行动实施的参考准则，以及激励性机制尚未建立，地方践行农业减排固碳行动的积极性受限，影响了"双碳"战略的实施进度。

四是农业减排固碳技术发展成果难以得到有效推广和应用。我国在农业农村减排固碳领域进行了多年的研究，研发和筛选了农业减排固碳的技术，但当前在耕地系统减排固碳科技成果转化以及技术推广方面还面临一定的困难与挑战。主要体现以下几个方面。首先，减排固碳关键技术使用复杂、成本高、难以快速推广；其次，废弃物资源化利用产品附加值低，亟须研发突破性循环利用技术等；最后，耕地系统减排固碳相关的财政支撑还不够，科技成果转化过程中的参与主体较少，区域间还未形成完善的常态化技术交流机制，从而导致耕地系统减排固碳的科技成果转化速度慢，物联网、"互联网+"等新技术与耕地系统减排固碳结合较少。

五是尚未形成统一的农业碳减排交易市场（贺晔平和廖朴，2023）。我国在建立健全农业碳排放交易市场上仍然面临较大挑战，无法为耕地系统减排固碳提供市场指引。主要体现在以下几个方面：首先，协调"双碳"目标、粮食安全目标和农民增收目标的市场体系构建存在一定的难度；其次，农民对耕地进行低碳利用积极性不高，农户利益追求的短期性与耕地碳排放的长期性矛盾亟待解决；再次，农业温室气体排放核算方法和减排量核查等较为复杂，农业相关减排方法学的开发与应用还有待加强；最后，农业碳排放权交易规则、试点区域、监督管理机制等方面还未明确。

（二）思路和目标

1. 基本思路

农业农村节能减排是全面推进乡村振兴、实现农业绿色发展、加强农业生态文明建设的重要内容。农业农村减排固碳方向必须以习近平新时代中国特色社会主义思想为指导，深入贯彻习近平生态文明思想，立足新发展阶段，完整、准确、全面贯彻新发展理念，构建新发展格局，坚持系统观念，处理好发展和减排、整体和局部、短期和中长期的关系，统筹稳增长和调结构，以保障粮食安全和重要农产品有效供给为前提，以全面推进乡村振兴、加快农业农村现代化为引领，以农业农村绿色低碳发展为关键，以实施减污降碳、碳汇提升重大行动为抓手，全面提升农业综合生产能力，降低温室气体排放强度，提高农田土壤固碳能力，大力发展绿色低碳循环农业。不断推进农光互补、"光伏+设施农业"、"海上风电+海洋牧场"等低碳农业模式。研发应用增汇型农业技术。开展耕地质量提升行动，实施国家黑土地保护工程，提升土壤有机碳储量。合理控制化肥、农药、地膜使用量，实施化肥农药减量替代计划，加强农作物秸秆综合利用和畜禽粪污资源化利用。增强全民节约意识、环保意识、生态意识，倡导简约适度、绿色低碳、文明健康的生活方式，把绿色理念转化为全体人民的自觉行动。

2. 战略目标

"十四五"时期是我国农业现代化向农业绿色高质量进发的开端期，也是 2030 年碳达峰的关键期、窗口期。围绕国家粮食安全保障，农业绿色转型和农业农村碳达峰碳中和的战略要求，到 2025 年，农业农村减排固碳与粮食安全、乡村振兴、农业农村现代化统筹融合的格局基本形成。粮食和重要农产品有效供给保障更加有力，农业绿色低碳发展取得积极成效，农业生产结构和区域布局明显优化，种植业、养殖业单位农产品排放强度稳中有降，农田土壤固碳能力显著增强，农业农村生产生活用能效率大幅提升。

到 2030 年，农业农村减排固碳与粮食安全、乡村振兴、农业农村现代化统筹推进的合力充分发挥。种植业温室气体排放总量进一步减少，农田土壤固碳能力显著提升；畜牧业动物肠道发酵实现新突破；畜禽粪污管理实现新进步；农林业生产生活用能清洁高效利用取得新进展；主要农作物秸秆综合利用率达到 95% 以上；农牧业废弃物资源化利用率达 98% 以上。

（三）做法和成效

一是继续推进农田减排固碳技术研发与利用。农业技术创新可以帮助改善对传统农业生产要素数量的依赖，使生产投入要素的利用更加有效。从而，创新也可以缓解农村人口老龄化造成的劳动力短缺对农业生产的影响，减少化肥、农药和其他材料的投入。当前的技术水平较低是农业机械和设备中农业碳排放过多的主要原因。随着技术的不断创新和推广，可以推动新能源和清洁能源取代传统的化石燃料能源，改善能源消耗结构和利用效率，降低深耕和松散的机械和秸秆还田等低碳生产行为的成本，提高低碳效率。此外，作物生产过程中从土壤中释放的 CH_4 和 N_2O 是农业碳排放的重要组成部分，而种子的多样性作为关键的输入因素，也在一定程度上决定了土壤释放的碳排放。因此，改进和推广低碳排放品种，也将减少农业碳排放。在稻田碳减排中要充分考虑水分、肥料、品种、耕作和菌剂产品等的综合运筹，以人为强化措施为主，辅以基于自然的解决方案，建立主产稻区适用的抑菌减排—增腐固碳—良种丰产—减投增效"抑增良减"技术体系。实施覆盖作物种植、免耕轮作、高产低排品种选育、覆膜保墒、菌剂增效产品、智能机具、合理密植、肥蘖脱钩、干湿交替和增氧耕作十大技术模式，在确保稻米有效供给的同时减排固碳，实现水稻可持续绿色高质量发展（秦晓波等，2023）。

二是加快发展农业低碳技术，持续加强农业科技创新。以农业绿色科技创新取代单纯的农业机械化，同时加强农业污染防治基础研究和关键技术集成示范应用，不断推广农作物绿色高产高效栽培技术模式，大力发展园艺作物标准化生产、畜禽标准化规模养殖、稻渔综合种养等绿色生态发展模式。鼓励农业科技创新，不断提高科技创新水平，积极引导财政向支农科技倾斜，切实加强低碳技术的推广与应用，促进农业绿色低碳技术的成果转化（金凤，2023）。为适应发展绿色低碳农业的需要，继续研究化肥、农药、塑料薄膜生产和使用等低碳农业科技新技术，加强创新、节能、高效农业技术的研发和推广运用，依托低碳农业绩效测评机制，以配方施肥、微喷灌溉、户用沼气等低碳技术为低碳农业发展提供技术支持。积极利用补贴政策发展更加节能环保的农机产品，降低农机自身碳排放水平。采用柴油作为动力的传统农业机械生产方式碳排放水平较高，通过农业政策扶持新能源农机产品创新，降低农业生产过程中的碳排放水平，走低碳农业机械化发展道路。同时建立数字化农业信息管理平台，利用大数据分析和人工智能等技术，对农业生产过程中的作物管理、病虫害防治、农药施用、化肥使用等进行智能化管理和预测。同时，以耦合协调水平较高地区为中心，以驱动因素为生态农业的管理导向，建立信息交流协作机制，分地区、分类型重点突破，以点带面实现农业农村低碳化、农业经济向高附加值方向发展（尚杰和李乾乾，2023）。

三是建立统一的城乡规划体制和制度，消除阻碍人口、技术、资本和信息等要素自由流动的障碍，加速资源优化配置，形成有效服务于农业农村建设的长效机制。将"双碳"目标融入农村生态环境治理体系，促进农村能源结构的转变，发挥环境规制、贸易开放、农业保险和农村人力资本对农业碳排放强度的抑制作用，并监管和引导财政支农政策为降低农业碳排放强度提供支持和保障。此外，增强农业风险防御能力，鼓励农户应用先进低碳技术和管理方法，使其更好地进行低碳农业实践，从而降低农业碳排放强度。不断引导家庭分散经营向适度规模经营转变，通过合作社、农业企业等形式进行联合生产和经营，促进农业生产由分散式向规模化转变，达到降低农业碳排放的目标。利用财政补贴支持农民开展农业低碳生产，或补贴有机肥以降低农民施用有机肥的成本，积极鼓励农民调整生产方式，合理利用农业生产要素（王昌海和谢梦玲，2023）。

四是继续实施优化现阶段农业碳排放政策。在低碳农业政策的影响下，中国的农业碳排放持续下降。在原有的低碳农业政策基础上，继续加快农业产业集聚，促进农业资源循环利用；积极采取措施指导农作物种植、畜禽养殖等各类农业生产活动；加强农作物和畜禽养殖废弃物的回收利用。完善农业农村绿色低碳投融资政策，探索设立用于支持农业农村碳达峰、碳中和的发展基金，构建与农业农村领域碳达峰、碳中和相适应的投融资体系，支持国家开发银行等开发性、政策性金融机构，积极利用抵押补充贷款工具，依法合规为农业农村绿色低碳产业提供低息中长期信贷支持。完善支持社会资本参与政策，激发市场主体农业绿色低碳投资活力。积极发展绿色金融，鼓励金融机构、社会资本和保险企业以绿色金融助力农业农村绿色低碳转型。加大对低碳农业技术创新的金融支持力度。有序推进农业绿色低碳金融产品和服务开发，设立农业农村碳减排货币政策工具，创设农业绿色低碳投资基金，引导银行等金融机构为农业农村绿色低碳项目提供长期限、低成本资金。完善财税价格政策，各级财政要加大对农业绿色低碳发展、技术研发等的支持力度。研究碳减排相关税收政策和具有合理约束力的碳价机制，探索促进农业可再生能源规模化发展的价格机制。完善法律法规和考核约束机制，健全农业农村领域碳达峰、碳中和的法律法规体系，推进农业绿色低碳发展领域立法、执法，建立促进农业农村减排固碳、减污降碳协同效应的考核制度（周宣杰等，2023）。

（四）结论和建议

一是持续推进耕地可持续利用，协同实现固碳减排。推行农业绿色生产方式，优化农资利用结构，减少化肥、农药、农膜等农用化学品的投入，选择低碳化肥和农药，使用有机肥替代部分化肥，提升化肥和农药利用率，减少农资废弃物。推行畜禽粪污干湿分离，沼气转化，农作物秸秆肥料化、饲料化、基料化、原料化，以及废旧农膜、废弃农药包装物回收和无害化处理等。补充土壤有机质，做到土壤固碳储碳。推行保护性耕作、秸秆还田、农田林网建设，提高农业用地固碳的能力。同时，优化农业要素资源配置，提升农业生产节能技术水平。推广新型低碳农业生产技术，使用清洁能源农业生产机械和灌溉设备等。减少农业生产过程中能源使用，降低农产品加工、运输和储存能耗，提高循环利用和低碳化处置效能。将秸秆、畜禽粪便等农业废弃物转化为可再生能源，推广生物质天然气、生物液体燃料燃烧发电等，并将其用于乡村居民生产和生活，形成以生物质能源为主，以太阳能、电能和天然气等为辅的农业绿色低碳能源体系。

二是建立耕地系统减排固碳政策工具，完善监测监督体系。首先，完善耕地利用生态补偿的激励机制。将环境友好型耕地利用模式与生态补偿政策相挂钩，适度提高农户使用有机肥和低碳农药等的补贴额度，激发农户耕地低碳利用的积极性。其次，将碳中和目标纳入耕地生态保护补偿体系。通过补偿激励的方式调动地方各级政府和农户参与耕地保护的积极性，通过碳中和目标引领实现耕地资源可持续利用。最后，构建耕地系统减排固碳监测监督体系。通过监测耕地系统的动态变化，监督固碳减排量变化，以完善耕地绿色低碳利用的制度规范和政策体系（朱森杰等，2023）。

三是加强农业生产科技创新，降低固碳减排技术应用门槛。首先，加大农业科技研发投入。研发耕地系统生态化治理技术，修复耕地生态系统，提升耕地生态系统质量，创新耕地固碳减排技术（张森森，2023）。其次，用好财政手段推广低碳农业技术。财政和金融要加大力度支持化肥农药减量、秸秆利用等环境友好型耕作行为，为耕地系统减排固碳提供持续激励。最后，依托大数据平台推动耕地系统减排固碳科技创新成果转化。依托数字乡村、智慧农业等大数据平台，促进科技创新成果向农民扩散（钱力和郑娟，2023）。

四是有序推进农业加入碳市场，积极开展试点改革。建立农业碳排放权交易制度，扩大碳排放权交易的覆盖范围，形成协调统一、权责分明、监管有效的资源权益交易市场。将农业碳减排和碳汇一同纳入碳交易市场中，鼓励农业碳汇交易作为抵消项目参与碳排放权交易，实现碳减排和碳汇资源的有效配置（谭涛等，2023）。可率先在农业绿色发展基础较好的地区，以县为单位，选择村集体经济组织、合作社、社会化服务组织等规模较大、市场意识较强的主体，开展农业碳市场试点。构建农业碳补偿机制，增加低碳农业技术的研发与推广等投入，对低碳农业生产主体进行税费减免、项目投资和补贴等。建立低碳技术补贴、低碳消费补贴的专用账户，精准补贴农业领域低碳技术创新，引导补贴从生产端向消费端转移。增加农产品低碳标签制度，形成绿色低碳生产与财政资金奖励的闭环。鼓励重点区域设立农业碳减排和碳汇基金，落实市场化补贴政策（任洪杰等，2023）。

五是加强农业减排固碳的能力建设，鼓励农户参与。完善适宜多元主体的约束和激励制度，制定更加细致详尽的规则，拓宽约束和激励制度的实际作用范围，促进农业生产者积极投入低碳农业生产。构建本地专属信息服务平台，推动农业企业和农民自愿参与低碳农业实践，倡导以信息技术为支撑的精准农业和高科技农业生产系统建设。将传统的高碳农业生产方式转变为低碳农业生产方式，增加农户固定生产成本投资，降低可变生产成本，减少农业生产中资源损失和浪费，有效提升农业用能效率。强化农业社会化服务体系的制度保障，坚持政府对农业行业的督导，健全低碳农业服务标准与规范，提升农业减排固碳和应对气候变化的能力。采取措施增强农村居民节能意识，引导农村居民减排行为。由于农村居民在农业生产和生活中都可能浪费能源资源，地方政府应充分利用各种媒体，积极宣传节能减排的重要性。同时，要采取必要的立法或制度保障，有效引导农村居民的减排行为。

参考文献

［1］Anne Pisor, Xavier Basurto and Kristina Douglass, "Effective Climate Change Adaptation Means Supporting Community Autonomy", *Nature Climate Change*, 2022, 12.

［2］Gao Yuling, Cai Man and He Xin, "Influence of Financial Support to

Agriculture on Carbon Emission Intensity of the Industry", *Sustainability*, 2023, 15 (3).

［3］ Bai Zhaohai, Fan Xiangwen and Jin Xinpeng, et al., "Relocate 10 Billion Livestock to Reduce Harmful Nitrogen Pollution Exposure for 90% of China's Population", *Nature Food*, 2022, 3 (2).

［4］ Bai Yongfei, Cotrufo M. Francesca, "Grassland Soil Carbon Sequestration: Current Understanding, Challenges and Solutions", *Science*, 2022, 377 (6606).

［5］ Balakrishnan Divya, Kulkarni Kalyani and Latha P.C., "Crop Improvement Strategies for Mitigation of Methane Emissions from Rice", *Emirates Journal of Food and Agriculture*, 2018, 30 (6).

［6］ Valentin Bellassen, Nicolas Stephan and Marion Afriat, et al., "Monitoring, Reporting and Verifying Emissions in the Climate Economy", *Nature Climate Change*, 2015, 5 (4).

［7］ Berthelin Jacques, Laba Magdeline and Lemaire Gilles, et al., "Soil Carbon Sequestration for Climate Change Mitigation: Mineralization Kinetics of Organic Inputs as an Overlooked Limitation", *European Journal of Soil Science*, 2022, 73 (1).

［8］ Bhattacharyya P., Dash P. K. and Swain C. K, et al., "Mechanism of Plant Mediated Methane Emission in Tropical Lowland Rice", *Science of The Total Environment*, 2019, 651 (1).

［9］ Wang Bin, Cai Andong and Li Yu'e, et al., "Four Pathways towards Carbon Neutrality by Controlling Net Greenhouse Gas Emissions in Chinese Cropland", *Resources Conservation and Recycling*, 2022, 186.

［10］ Carrijo Daniela R., Lundy Mark E. and Linquist Bruce A., "Rice Yields and Water Use under Alternate Wetting and Drying Irrigation: Ameta-Analysis", *Field Crops Research*, 2017, 203.

［11］ Chen Fangzheng, Feng Puyu and Harrison Matthew Tom, et al., "Cropland Carbon Stocks Driven by Soil Characteristics, Rainfall and Elevation", *Science of The Total Environment*, 2023, 862.

［12］ Chen Litong, Jing Xin and Flynn Dan F. B., et al., "Changes of Carbon

Stocks in Alpine Grassland Soils from 2002 to 2011 on the Tibetan Plateau and Their Climatic Causes", *Geoderma*, 2017, 288.

［13］ Cheng Kun, Ogle Stephen M. and Parton William J., et al., "Predicting Methanogenesis from Rice Paddies Using the DAYCENT Ecosystem Model", *Ecological Modelling*, 2013, 261.

［14］ Cheng Luxi, Zhang Xiuming and Reis Stefan, et al., "A 12% Switch from Monogastric to Ruminant Livestock Production Can Reduce Emissions and Boost Crop Production for 525 Million People", *Nature Food*, 2022, 3（12）.

［15］ Cheng Yanfei, Yuan Tian and Deng Yang, et al., "Use of Sulfur-Oxidizing Bacteria Enriched from Sewage Sludge to Biologically Remove H_2S from Biogas at an Industrial-Scale Biogas Plant", *Bioresource Technology Reports*, 2018, 3.

［16］ Cho Song Rae, Verma Pankaj Prakash and Das Suvendu, et al., "A New Approach to Suppress Methane Emissions from Rice Cropping Systems Using Ethephon", *Science of The Total Environment*, 2022, 804.

［17］ Coppa Mauro, Jurquet Julien and Eugène Maguy, et al., "Repeatability and Ranking of Long-Term Enteric Methane Emissions Measurement on Dairy Cows across Diets and Time Using GreenFeed System in Farm-Conditions", *Methods*, 2021, 186.

［18］ Cui Zhenling, Wang Guiliang and Yue Shanchao, et al., "Closing the N-use Efficiency Gap to Achieve Food and Environmental Security", *Environmental Science & Technology*, 2014, 48.

［19］ Czatzkowska Malgorzata, Harnisz Monika and Korzeniewska Ewa, et al., "Inhibitors of the Methane Fermentation Process with Particular Emphasis on the Microbiological Aspect: A Review", *Energy Science & Engineering*, 2020, 8（5）.

［20］ Dang Hoa Tran, Trong Nghia Hoang and Tokida Takeshi, et al., "Impacts of Alternate Wetting and Drying on Greenhouse Gas Emission from Paddy Field in Central Vietnam", *Soil Science and Plant Nutrition*, 2018, 64（1）.

［21］ Delavane Diaz, Frances Moore, "Quantifying the Economic Risks of Climate change", *Nature Climate Change*, 2017, 7.

［22］ Ding Wuhan, Chang Naijie and Zhang Guilong, et al., "Soil Organic Carbon Changes in China's Croplands: A Newly Estimation Based on DNDC Model", *Science of The Total Environment*, 2023, 905.

［23］ Ding Jinzhi, Chen Leiyi and Ji Chengjun, et al., "Decadal Soil Carbon Accumulation across Tibetan Permafrost Regions", *Nature Geoscience*, 2017, 10 (6).

［24］ Dong Linlin, Wang Haihou and Shen Yuan, et al., "Straw Type and Returning amount Affects SOC Fractions and FE/AL Oxides in a Rice-Wheat Rotation System", *Applied Soil Ecology*, 2023, 183.

［25］ Dong Lifeng, Zhao Lei and Li Bowei, et al., "Dietary Supplementation with Xylooligosaccharides and Exogenous Enzyme Improves Milk Production, Energy Utilization Efficiency and Reduces Enteric Methane Emissions of Jersey Cows", *Journal of Animal Science and Biotechnology*, 2023, 14 (1).

［26］ Dong Xinliang, Wang Jintao and Zhang Xuejia, et al., "Long-Term Saline Water Irrigation Decreased Soil Organic Carbon and Inorganic Carbon Contents", *Agricultural Water Management*, 2022, 270.

［27］ Du Lin, Wang Yunfei and Shan ZhenWang, et al., "Comprehensive Analysis of SUSIBA2 Rice: The Low-Methane Trait and Associated Changes in Soil Carbon and Microbial Communities", *Science of The Total Environment*, 2021, 764.

［28］ Eisen Michael B., Brown Patrick O., "Rapid Global Phaseout of Animal Agriculture Has the Potential to Stabilize Greenhouse Gas Levels for 30 Years and Offset 68 Percent of CO_2 Emissions this Century", *PLoS Climate*, 2022, 1 (2).

［29］ Wen Changcun, Zheng Jiaru and Hu Bao, "Study on the Spatiotemporal Evolution and Influencing Factors of Agricultural Carbon Emissions in the Counties of Zhejiang Province", *International Journal of Environmental Research and Public Health*, 2023, 20 (1).

［30］Fang Jingyun, Guo Zhaodi and Piao ShiLong, et al. , "Terrestrial Vegetation Carbon Sinks in China", *Science in China Series D: Earth Sciences*, 2007, 50.

［31］Feng Jiao, Yu Dailin and Sinsabaugh Robert, et al. , "Rade-Offs in Carbon-Degrading Enzyme Activities Limit Long-Term Soil Carbon Sequestration with Biochar Addition", *Biological Reviews*, 2023, 98 (4).

［32］Friedl Johannes, Scheer Clemens and Rowlings David W. , et al. , "Effect of the Nitrification Inhibitor 3, 4-Dimethylpyrazole Phosphate (DMPP) on N-turnover, the N_2O Reductase-Gene NosZ and N_2O: N_2 Partitioning from Agricultural Soils", *Scientific Reports*, 2020, 10 (1).

［33］Friedlingstein Pierre, O'Sullivan Michael and Jones Matthew W. , et al. , "Global Carbon Budget 2020", 2021, 12 (4).

［34］G. P. Moreda, M. A. Muñoz-García and P. Barreiro, "High Voltage Electrification of Tractor and Agricultural Machinery-A Review", *Energy Conversion and Management*, 2016, 115.

［35］Gao Song-juan, Li Shun and Zhou Guo-peng, "The Potential of Green Manure to Increase Soil Carbon Sequestration and Reduce the Yield-Scaled Carbon Footprint of Rice Production in Southern China", *Journal of Integrative Agriculture*, 2023, 22 (7).

［36］Gong T. , Gao B. and Ji Z. , "Variation of Active Layer Thickness of Permafrost in the Qinghai-Tibetan Plateau Based on MODIS Temperature Product", *Scientia Geographica Sinica*, 2022, 42 (10).

［37］Van Groenigen J. W. , Velthof G. L. and Oenema O. , et al. , "Towards an Agronomic Assessment of N_2O Emissions: A Case Study for Arable Crops", *European Journal of Soil Science*, 2010, 61 (6).

［38］Gu Baojing, Ju Xiaotang and Chang Scott X. , et al. , "Nitrogen Use Efficiencies in Chinese Agricultural Systems and Implications for Food Security and Environmental Protection", *Regional Environmental Change*, 2017, 17 (4).

［39］Guan Ningning, Liu Lingyun and Dong Kai, et al. , "Agricultural

Mechanization, Large-Scale Operation and Agricultural Carbon Emissions", *Cogent Food & Agriculture*, 2023, 9 (1).

[40] Gurney K. R., Law R. M. and Denning A. S., et al., "Towards Robust Regional Estimates of CO_2 Sources and Sinks Using Atmospheric Transport Models", *Nature*, 2002, 415 (6872).

[41] Hao Xiangxiang, Han Xiaozeng and Wang Cui, et al., "Temporal Dynamics of Density Separated Soil Organic Carbon Pools as Revealed by δ13c Changes under 17 Years of Straw Return", *Agriculture, Ecosystems & Environment*, 2023, 356.

[42] Hillier Jonathan, Walter Christof and Malin Daniella, "A Farm-Focused Calculator for Emissions from Crop and Livestock Production", *Environmental Modeling and Software*, 2011, 26 (9).

[43] Hörtenhuber S. J., Seiringer M. and Theurl M., "CImplementing an Appropriate Metric for the Assessment of Greenhouse Gas Emissions from Livestock Production: A National Case Study", *Animal*, 2022, 16 (10).

[44] Hu Zonghui, Zhao Qiu and Zhang Xinjian, "Winter Green Manure Decreases Subsoil Nitrate Accumulation and Increases N Use Efficiencies of Maize Production in North China Plain", *Plants*, 2023, 12 (2).

[45] Huang Xianlei, Shi Boyang and Wang Shu, et al., "Mitigating Environmental Impacts of Milk Production via Integrated Maize Silage Planting and Dairy Cow Breeding System: A Case Study in China", *Journal of Cleaner Production*, 2021, 309.

[46] Tian Yun, Wang Rui and Yin Minhao, "Study on the Measurement and Influencing Factors of Rural Energy Carbon Emission Efficiency in China: Evidence Using the Provincial Panel Data", *Agriculture*, 2023, 13 (2).

[47] Islam Mahbub, Jiang Fahui and Guo Zichun, "Impacts of Straw Return Coupled with Tillage Practices on Soil Organic Carbon Stock in Upland Wheat and Maize Croplands in China: A Meta-Analysis", *Soil and Tillage Research*, 2023, 232.

[48] Liu Yongxiang, Zhao Hongmei and Zhao Guangying, "Estimates of Dust

Emissions and Organic Carbon Losses Induced by Wind Erosion in Farmland Worldwide from 2017 to 2021", *Agriculture*, 2023, 13（4）.

［49］ Jay J. Akridge. *Precision Agricultural Services and Enhanced Seed Dealership Survey Results*, 2000.

［50］ Jensen Erik Steen, Peoples Mark B. and Boddey Robert M., "Legumes for Mitigation of Climate Change and the Provision of Feedstock for Biofuels and Biorefineries: A Review", *Agronomy for Sustainable Development*, 2012, 32（2）.

［51］ Jiang Zhiyun, Hu Zhongmin and Lai Derrick Y. F., "Light Grazing Facilitates Carbon Accumulation in Subsoil in Chinese Grasslands: A Meta-Analysis", *Global Change Biology*, 2020, 26（12）.

［52］ Li Jianling, Li Yu'e and Wan Yunfan, et al., "Annual Greenhouse Gas Emissions from a Rice Paddy with Different Water-Nitrogen Management Strategies in Central China", *Soil & Tillage Research*, 2023, 235.

［53］ Jin Shuqin, Zhang Bin and Wu Bi, et al., "Decoupling Livestock and Crop Production at the Household Level in China", *Nature Sustainability*, 2021, 4（1）.

［54］ Kan Zhengrong, Liu Wenxuan and Liu Wensheng, "Mechanisms of Soil Organic Carbon Stability and Its Response to No-Till: A Global Synthesis and Perspective", *Global Change Biology*, 2022, 28（3）.

［55］ Kang Luyao, Chen Leiyi and Hang Dianye, "Stochastic Processes Regulate Belowground Community Assembly in Alpine Grasslands on the Tibetan Plateau", *Environmental Microbiology*, 2022, 24（1）.

［56］ Kou Xinchang, Morrien Elly and Tian Yijia, "Exogenous Carbon Turnover within the Soil Food Web Strengthens Soil Carbon Sequestration through Microbial Necromass Accumulation", *Global Change Biology*, 2023, 29（14）.

［57］ Kou Dan, Ma Wenhong and Ding Jinzhi, "Dryland Soils in Northern China Sequester Carbon during the Early 2000s Warming Hiatus Period", *Functional Ecology*, 2018, 32（6）.

［58］ Tchodjowiè P. I. Kpemoua, Sarah Leclerc and Pierre Barré, et al., "Are

Carbon-Storing Soils More Sensitive to Climate Change? A Laboratory Evaluation for Agricultural Temperate Soils ", *Soil Biology and Biochemistry*, 2023, 183.

［59］ Laborde David, Mamun Abdullah and Martin Will, "Agricultural Subsidies and Global Greenhouse Gas Emissions ", *Nature Communications*, 2022, 12（1）.

［60］ Lan Xianjin, Shan Jun and Huang Yang, "Effects of Long-Term Manure Substitution Regimes on Soil Organic Carbon Composition in a Red Paddy Soil of Southern China", *Soil and Tillage Research*, 2022, 221.

［61］ Li Binzhe, Liang Fei and Wang Yajing, "Magnitude and Efficiency of Straw Return in Building up Soil Organic Carbon: A Global Synthesis Integrating the Impacts of Agricultural Managements and Environmental Conditions", *Science of The Total Environment*, 2023, 875.

［62］ Li Caixia, Wang Guangshuai and Han Qisheng, "Soil Moisture and Water-Nitrogen Synergy Dominate the Change of Soil Carbon Stock in Farmland", *Agricultural Water Management*, 2023, 287.

［63］ Li Hui, Feng Wenting and He Xinhua, et al., "Chemical Fertilizers Could be Completely Replaced by Manure to Maintain High Maize Yield and Soil Organic Carbon（SOC）When SOC Reaches a Threshold in the Northeast China plain", *Journal of Integrative Agriculture*, 2017, 16（4）.

［64］ Li Jianling, Wan Yu'e and Wang Bin, et al., "Combination of Modified Nitrogen Fertilizers and Water Saving Irrigation Can Reduce Greenhouse Gas Emissions and Increase Rice Yield", *Geoderma*, 2018, 315.

［65］ Li Shulong, Wang Zhizhang, "The Effects of Agricultural Technology Progress on Agricultural Carbon Emission and Carbon Sink in China", *Agriculture*, 2023, 13（4）.

［66］ Liang Chao, Zhu Xuefeng, "The Soil Microbial Carbon Pump as a New Concept for Terrestrial Carbon Sequestration ", *Science China Earth Sciences*, 2021, 64（4）.

［67］ Liao Xiaofeng, Zhu Shuangyan and Zhong Delai, "Anaerobic Co-

Digestion of Food Waste and Landfill Leachate in Single-Phase Batch Reactors", *Waste Management*, 2014, 34 (11).

[68] Liu Dantong, Song Changchun and Xin Zhuohang, et al., "Agricultural Management Strategies for Balancing Yield Increase, Carbon Sequestration, and Emission Reduction after Straw Return for Three Major Grain Crops in China: A Meta-Analysis", *Journal of Environmental Management*, 2023, 340.

[69] Liu Futing, Qin Shuqi and Fang Kai, et al., "Divergent Changes in Particulate and Mineral-Associated Organic Carbon upon Permafrost Thaw", *Nature Communications*, 2022, 13 (1).

[70] Liu Gang, Ma Jing and Yang Yuting, "Effects of Straw Incorporation Methods on Nitrous Oxide and Methane Emissions from a Wheat-Rice Rotation System", *Pedosphere*, 2019, 29 (2).

[71] Liu Xiaotong, Song Xiaojun and Li Shengping, "Understanding How Conservation Tillage Promotes Soil Carbon Accumulation: Insights into Extracellular Enzyme Activities and Carbon Flows between Aggregate fractions", *Science of The Total Environment*, 2023, 897.

[72] Liu Shangshi, Yang Yuanhe and Shen Haihua, "No Significant Changes in Topsoil Carbon in the Grasslands of Northern China between the 1980s and 2000s", *Science of the Total Environment*, 2018, 624.

[73] Liu Xian, Wu Zhicheng and Han Yahong, "Characteristic Modification of Alkalized Corn Stalk and Contribution to the Bonding Mechanism of Fuel Briquette", *Energy*, 2017, 133.

[74] Mason A. R. G., Salomon M. J. and Lowe A J, "Microbial Solutions to Soil Carbon Sequestration", *Journal of Cleaner Production*, 2023, 417.

[75] Meng Xiaoyi, Sørensen Peter and Møller Henrik B., "Greenhouse Gas Balances and Yield-Scaled Emissions for Storage and Field Application of Organic Fertilizers Derived from Cattle Manure", *Agriculture, Ecosystems & Environment*, 2023, 345.

[76] Mo Yalin, Sun Dinghai and Zhang Yu, "Green Finance Assists Agricultural Sustainable Development: Evidence from China",

Sustainability, 2023, 15 (3).

[77] Naorem Anandkumar, Jayaraman Somasundaram and Sinha Nishant K.,
"Eight-Year Impacts of Conservation Agriculture on Soil Quality, Carbon
Storage, and Carbon Emission Footprint", *Soil and Tillage Research*,
2023, 232.

[78] Nicholas Simpson, Portia Adade Williams and Katharine Mach,
"Adaptation to Compound Climate Risks: A Systematic Global
Stocktake", *Science*, 2023, 26 (2).

[79] Nishimura Seiichi, Sugito Tomoko and Nagatake Arata, "Nitrous Oxide
Emission Reduced by Coated Nitrate Fertilizer in a Cool-Temperate
Region", *Nutrient Cycling in Agroecosystems*, 2021, 119 (2).

[80] Stephen M. Ogle, Leandro Buendia and Klaus Butterbach-Bahl,
"Advancing National Greenhouse Gasinventories for Agriculture in
Developing Countries Improving Activity Data, Emission Factors and
Software Technology", *Environmental Research Letters*, 2013, 1 (8).

[81] Ouyang Xueying, Zhu Liqun, "Effects of Different Farmland Utilization
Types on Soil Organic Carbon in China: A Meta-Analysis", *Land
Degradation & Development*, 2023.

[82] Pan Yude, Birdsey Richard A. and Fang Jingyun, "A Large and
Persistent Carbon Sink in the World's Forests", *Science*, 2011, 333
(6045).

[83] Paustian Keith, Lehmann Johannes and Ogle Stephen, "Climate-Smart
soils", *Nature*, 2016, 532.

[84] Jia Peng, Tu Yan and Liu Zhihao, "Diets Supplementation with Bacillus
Subtilis and Macleaya Cordata Extract Improve Production Performance and
the Metabolism of Energy and Nitrogen, While Reduce Enteric Methane
Emissions in Dairy Cows", *Animal Feed Science and Technology*,
2022, 294.

[85] Peng Fei, Xue Xian and You Quangang, et al., "Changes of Soil
Properties Regulate the Soil Organic Carbon Loss with Grassland
Degradation on the Qinghai-Tibet Plateau", *Ecological Indicators*,

2018，93.

[86] Peyrard Celine，Mary Bruno and Perrin Pierre，"N$_2$O Emissions of Low Input Cropping Systems as Affected by Legume and Cover Crops Use"，*Agriculture*，*Ecosystems & Environment*，2016，224.

[87] Piao Shilong，He Yue and Wang Xuhui，"Estimation of China's Terrestrial Ecosystem Carbon Sink：Methods，Progress and Prospects"，*Science China Earth Sciences*，2022，65（4）.

[88] Qi Yanwei，Liu Huailiang and Zhao Jianbo，"Prediction Model and Demonstration of Regional Agricultural Carbon Emissions Based on Isomap-ACO-ET：A Case Study of Guangdong Province，China"，*Scientific Reports*（*Nature Publisher Group*），2023，13（1）.

[89] Qin Xiaobo，Li Yu'e and Wang Hong，et al.，"Effect of Rice Cultivars on Yield-Scaled Methane Emissions in a Double Rice Field in South China"，*Journal of Integrative Environmental Sciences*，2015，12（S1）.

[90] Qin Xiaobo，Li Yu'e and Wang Bin，et al.，"Nonlinear Dependency of N$_2$O Emissions on Nitrogen Input in Dry Farming Systems May Facilitate Green Development in China"，*Agriculture*，*Ecosystems and Environment*，2021，317.

[91] Wassmann R.，Papen H. and Rennenberg H.，"Methane Emission from Rice Paddies and Possible Mitigation Strategies"，*Chemosphere*，1993，26.

[92] Rakatama Ari，Pandit Ram and Ma Chunbo，"The Costs and Benefits of REDD：A Review of the Literature"，*Forest Policy and Economics*，2016，75.

[93] Ren Fengling，Zhang Ruqiang and Sun Nan，et al.，"Patterns and Driving Factors of Soil Organic Carbon Sequestration Efficiency under Various Manure Regimes across Chinese Croplands"，*Agriculture*，*Ecosystems & Environment*，2024，35.

[94] Richardson C. M.，Amer P. R. and Hely F. S.，et al. "Estimating Methane Coefficients to Predict the Environmental Impact of Traits in the Australian Dairy Breeding Pogram"，*Journal of Dairy Science*，2021，104

（10）.

［95］Rotz Alan, Stout Robert and Leytem April, et al., "Environmental Assessment of United States Dairy Farms", *Journal of Cleaner Production*, 2021, 315.

［96］Fang Yanru, Zhang Silu and Zhou Ziqiao, "Sustainable Development in China: Valuation of Bioenergy Potential and CO_2 Reduction from Crop Straw", *Applied Energy*, 2022, 322.

［97］Shadpour Saeed, Chud Tatiane C. S. and Hailemariam Dagnachew, et al., "Predicting Methane Emission in Canadian Holstein Dairy Cattle Using Milk Mid-Infrared Reflectance Spectroscopy and Other Commonly Available Predictors via Artificial Neural Networks", *Journal of Dairy Science*, 2022, 105（10）.

［98］Rezania Shahabaldin, Oryani Bahareh and Cho Jinwoo, et al., "Different Pretreatment Technologies of Lignocellulosic Biomass for Bioethanol Production: An Overview", *Energy*, 2020, 199.

［99］Shcherbak Iurii, Millar Neville and Robertson G. Philip, "Global Metaanalysis of the Non-linear Response of Soil Nitrous Oxide（N_2O）Emissions to Fertilizer Nitrogen", *Proceedings of the National Academy of Sciences*, 2014, 111（25）.

［100］Jiang Shijie, Wang Lilin and Xiang Feiyun, "The Effect of Agriculture Insurance on Agricultural Carbon Emissions in China: The Mediation Role of Low-Carbon Technology Innovation", *Sustainability*, 2023, 15（5）.

［101］Singh Prabhsimran, Nazir Gazala and Dheri Gurmeet Singh, "Influence of Different Management Practices on Carbon Sequestration of Agricultural Soils: A Review", *Archiv für Acker-und Pflanzenbau und Bodenkunde*, 2023, 69（12）.

［102］Hsiang Solomon, Kopp Robert and Jina Amir, "Estimating Economic Damage from Climate Change in the United States", *Science*, 2017, 365.

［103］Song Shixiong, Zhao Siyuan and Zhang Ye, "Carbon Emissions from

Agricultural Inputs in China over the Past Three Decades", *Agriculture*, 2023, 13 (5).

[104] Song Qi, Chen Xiaoguang and Zhou Weizhu, "Application of a Spiral Symmetric Stream Anaerobic Bioreactor for Treating Saline Heparin Sodium Pharmaceutical Wastewater: Reactor Operating Characteristics, Organics Degradation Pathway and Salt Tolerance Mechanism", *Water Research*, 2021, 205.

[105] Su J., Hu C. and Yan X., "Expression of barley SUSIBA2 Transcription Factor Yields High-Starch Low-Methane Rice", *Nature*, 2015, 523 (7562).

[106] Sun Wanlong, Liu Xuehua, "Review on Carbon Storage Estimation of Forest Ecosystem and Applications in China", *Forest Ecosystems*, 2020, 7 (1).

[107] Tang Xuli, Zhao Xia and Bai Yongfei, et al., "Carbon Pools in China's Terrestrial Ecosystems: New Estimates Based on an Intensive Field Survey", *Proceedings of the National Academy of Sciences*, 2018, 115 (16).

[108] Tao Feng, Huang Yuanyuan and Hungate Bruce A., et al., "Microbial Carbon Use Efficiency Promotes Global Soil Carbon Storage", *Nature*, 2023, 618 (7967).

[109] Sun Xiaoyan, Guang Shuya and Cao Jingjing, "Effect of Agricultural Production Trusteeship on Agricultural Carbon Emission Reduction", *Agriculture*, 2023, 13 (7).

[110] UNEP, *Adaptation Gap Report 2022*, https://www.unep.org/resources/adaptation-gap-report-2022, 2022.

[111] Van Selm Benjamin, Frehner Anita and De Boer Imke J.M., "Circularity in Animal Production Requires a Change in the EAT-Lancet Diet in Europe", *Nature Food*, 2022, 3 (1).

[112] Waghmode Tatoba R., Haque Md Mozammel and Kim Sang Yoon, "Effective Suppression of Methane Emission by 2-Bromoethanesulfonate during Rice Cultivation", *Plos One*, 2015, 10 (11).

［113］Wang Hongliang, Zhang Xiaoying and Ma Yifei, "Mitigation Potential for Carbon and Nitrogen Emissions in Pig Production Systems: Lessons from the North China Plain", *Science of The Total Environment*, 2020, 725.

［114］Wang Jinyang, Akiyama Hiroko and Yagi Kazuyuki, "Controlling Variables and Emission Factors of Methane from Global Rice Fields", *Atmospheric Chemistry and Physics*, 2018, 18 (14).

［115］Wang Mingming, Guo Xiaowei and Zhang Shuai, "Global Soil Profiles Indicate Depth-Dependent Soil Carbon Losses under a Warmer Climate", *Nature Communications*, 2022, 13 (1).

［116］Wang Shuai, Xu Li and Adhikari Kabindra, "Soil Carbon Sequestration Potential of Cultivated Lands and Its Controlling Factors in China", *Science of The Total Environment*, 2023, 905.

［117］Wang Zhen, Zhang Xiuying and Liu Lei, et al., "Estimates of Methane Emissions from Chinese Rice Fields Using the DNDC Model", *Agricultural and Forest Meteorology*, 2021, 303.

［118］Wang Nana, Si Hui and Yi Weiming, et al., "Design and Operation of a Mobile Fast Pyrolysis System Utilizing a Novel Double Pipe Fluidized Ded Reactor", *Fuel Processing Technology*, 2021, 224.

［119］Wang Shuai, Xu Li and Zhuang Qianlai, et al., "Investigating the Spatio-Temporal Variability of Soil Organic Carbon Stocks in Different Ecosystems of China", *Science of The Total Environment*, 2021, 758.

［120］Waqas Muhammad Ahmed, Li Yu'e and Smith Pete, et al., "The Influence of Nutrient Management on Soil Organic Carbon Storage, Crop Production, and Yield Stability Varies under Different Climates", *Journal of Cleaner Production*, 2020, 268.

［121］Wei Xie, Anfeng Zhu and Tariq Ali, "Corp Switching Can Enhance Environmental Sustainability and Farmer Incomes in China", *Nature*, 2023, 616.

［122］Willam Nordhaus, "Climate Change: The Ultimate Challenge of Economics", *The American Economic Review*, 2019, 109 (6).

［123］ Wu Jinpu, Bao Xingguo and Zhang Jiudong, et al., "Temporal and Spatial Effects of Crop Diversity on Soil Carbon and Nitrogen Storage and Vertical Distribution", *Soil and Tillage Research*, 2024, 235.

［124］ Wu Lianhai, "Sequestering Organic Carbon in Soils through Land Use Change and Agricultural Practices: A Review", *Frontiers of Agricultural Science and Engineering*, 2023, 10 (2).

［125］ Wu Houkai, Fang Kuo and Shi Chuan, "Anti-Fouling Performance and Methane Potential in Coagulation-Adsorption Assisted Biogas-Spared Anaerobic Membrane Preconcentration Process", *Journal of Cleaner Production*, 2023, 414.

［126］ Wulder Michael A., White Joanne C. and Nelson Ross F., et al., "Lidar Sampling for Large-Area Forest Characterization: A review", *Remote Sensing of Environment*, 2012, 121.

［127］ Xia Longlong, Lam Shu Kee and Chen Deli, "Can Knowledge-Based N Management Produce More Staple Grain with Lower Greenhouse Gas Emission and Reactive Nitrogen Pollution? A Meta-Analysis", *Global Change Biology*, 2017, 23.

［128］ Qin Xiaobo, Lu Yanhong and Wan Yunfan, et al., "Rice Straw Application Improves Yield Marginally and Increases Carbon Footprint of Double Cropping Paddy Rice (Oryza Sativa L.)", *Field Crops Research*, 2023, 291.

［129］ Qin Xiaobo, Li Yu'e and Wang Hong, "Long-Term Effect of Biochar Application on Yield-Scaled Greenhouse Gas Emissions in a Rice Paddy Cropping System: A Four-Year Case Study in South China", *Science of the Total Environment*, 2016, 569.

［130］ Xin Xiaoping, Jin Dongyan and Ge Yong, "Climate Change Dominated Long-Term Soil Carbon Losses of Inner Mongolian Grasslands", *Global Biogeochemical Cycles*, 2020, 34 (10).

［131］ Xing Jiahao, Song Junnian and Liu Chaoshuo, et al., "Integrated Crop-Livestock-Bioenergy System Brings Co-Benefits and Trade-Offs in Mitigating the Environmental Impacts of Chinese Agriculture", *Nature*

Food, 2022, 3（12）.

[132] Xu Peng, Houlton Benjamin Z. and Zheng Yi, et al. , "Policy-Enabled Stabilization of Nitrous Oxide Emissions from Livestock Production in China over 1978-2017", *Nature Food*, 2022, 3（5）.

[133] Yan Xiaoyuan, Akiyama Hiroko and Yagi Kazuyuki, et al. , "Global Estimations of the Inventory and Mitigation Potential of Methane Emissions from Rice Cultivation Conducted Using the 2006 Intergovernmental Panel on Climate Change Guidelines", *Global Biogeochemical Cycles*, 2009, 23（2）.

[134] Yosuke Yanai, Koki Toyota and Masanori Okazaki, "Effects of Charcoal Addition on N_2O Emissions from Soil Resulting from Rewetting Air-Dried Soil in Short-Term Laboratory Experiments", *Soil Science & Plant Nutrition*, 2007, 53（2）.

[135] Yang Wei, Yao Lai and Zhu Mengzhen, et al. , "Replacing Urea-N with Chinese Milk Vetch（Astragalus Sinicus L.）Mitigates CH_4 and N_2O Emissions in Rice Paddy", *Agriculture, Ecosystems & Environment*, 2022, 336.

[136] Yang Wenjia, Yue Shanchao and Chang Feng, "Reducing Greenhouse Gas Emissions and Increasing Yield through Manure Substitution and Supplemental Irrigation in Dryland of Northwest China", *Agriculture, Ecosystems & Environment*, 2022, 332.

[137] Yang Yi, Jin Zhenong and Mueller Nathaniel D. , et al. , "Sustainable Irrigation and Climate Feedbacks", *Nature Food*, 2023, 4（8）: 654-663.

[138] Yang Wenshan, Liu Yu and Zhao Jingxue, et al. , "SOC Changes were More Sensitive in Aalpine Grasslands than in Temperate Grasslands during Grassland Transformation in China: A Meta-Analysis", *Journal of Cleaner Production*, 2021, 308.

[139] Yang Yuanhe, Fang Jingyun and Ma Wenhong, et al. , "Soil Carbon Stock and Its Changes in Northern China's Grasslands from 1980s to 2000s", *Global Change Biology*, 2010, 16（11）.

［140］ Yang Yuanhe, Fang Jingyun and Ji Chengjun, et al. , "Soil Inorganic Carbon Stock in the Tibetan Alpine Grasslands", *Global Biogeochemical Cycles*, 2010, 24.

［141］ Yao Yitong, Li Zhijian and Wang Tao, et al. , "A New Estimation of China's Net Ecosystem Productivity Based on Eddy Covariance Measurements and a Model Tree Ensemble Approach", *Agricultural and Forest Meteorology*, 2018, 253.

［142］ Yaqoob Majeed, Muhammad Usman Khan and Muhammad Waseem, et al. , "Renewable Energy as an Alternative Source for Energy Management in Agriculture", *Energy Reports*, 2023, 10.

［143］ Yu Guanghui, Beauchemin Karen A. and Dong Ruilan, "A Review of 3-Nitrooxypropanol for Enteric Methane Mitigation from Ruminant Livestock", *Animals*, 2021, 11 (12).

［144］ Zahar A. , *The Paris Agreement's Implications for Monitoring, Reporting, and Verification of Greenhouse Gas Emissionsand Climate-Related Policies and Measuresin Developing Countries*, 2019.

［145］ Zamanian Kazem, Pustovoytov Konstantin and Kuzyakov Yakov, "Pedogenic Carbonates: Forms and Formation Processes", *Earth-Science Reviews*, 2016, 157.

［146］ Zhang Wenhao, Zhu Guofeng and Wan Qiaozhuo, et al. , "Influence of Irrigation on Vertical Migration of Soil Organic Carbon in Arid Area of Inland river", *Land*, 2023, 12 (8).

［147］ Zhang Xintan, Wang Jie and Feng Xiangyan, et al. , "Effects of Tillage on Soil Organic Carbon and Crop Yield under Straw Return", *Agriculture, Ecosystems & Environment*, 2023, 354.

［148］ Zhang Xidong, Zhang Juan and Yang Chengbo, "Spatio-Temporal Evolution of Agricultural Carbon Emissions in China, 2000 – 2020", *Sustainability*, 2023, 15 (4).

［149］ Zhang X. , Amer P. R. and Stachowicz K. , et al. , "Herd-Level Versus Animal-Level Variation in Methane Emission Prediction in Grazing Dairy Cattle", *Animal*, 2021, 15 (9).

［150］ Zhang Zipeng, Ding Jianli and Zhu Chuanmei, et al., "Historical and Future Variation of Soil Organic Carbon in China", *Geoderma*, 2023, 436.

［151］ Zhang Li, Zhou Guangsheng and Ji Yuhe, et al., "Spatiotemporal Dynamic Simulation of Grassland Carbon Storage in China", *Science China Earth Sciences*, 2016, 59（10）.

［152］ Zhang Wenbo, Li Jing and Struik Paul C., et al., "Recovery through Proper Grazing Exclusion Promotes the Carbon Cycle and Increases Carbon Sequestration in Semiarid Steppe", *Science of The Total Environment*, 2023, 892.

［153］ Zhang Wenjuan, Xue Xian and Peng Fei, et al., "Meta-Analysis of the Effects of Grassland Degradation on Plant and Soil Properties in the Alpine Meadows of the Qinghai-Tibetan Plateau", *Global Ecology and Conservation*, 2019, 20.

［154］ Zhang Yanan, Wang Zhanyi, Liu Pengbo, Wang Chengjie, "Mixed Cattle and Sheep Grazing Reduces the Root Lifespan of the Community in a Desert Steppe", *Ecological Indicators*, 2022, 143.

［155］ Zhang Zhiwei, Fan Jianling and Wan Yunfan, et al., "Evaluation of Methane Emission Reduction Potential of Water Management and Chinese Milk Vetch Planting in Hunan Paddy Rice Fields", *Agronomy*, 2023, 13.

［156］ Zhu Zhiping, Zhang Xiuming and Dong Hongmin, "Integrated Livestock Sector Nitrogen Pollution Abatement Measures Could Generate Net Benefits for Human and Ecosystem Health in China", *Nature Food*, 2022, 3（2）.

［157］ Zilli Jerri Edson, Alves Bruno Jose Rodrigues and Rouws Luc Felicianus Marie, et al., "The Importance of Denitrification Performed by Nitrogen-Fixing Bacteria Used as Inoculants in South America", *Plant and Soil*, 2019, 451（1-2）.

［158］ 白莹、尹雪娜:《碳达峰、碳中和愿景下内蒙古自治区草原碳汇经济发展与金融支持路径研究》,《北方金融》2022 年第 3 期。

［159］蔡威威、艾天成、李然、金紫缘、徐金刚、曹坤坤：《控释肥及尿素添加剂对双季稻光合特性及产量的影响》，《中国土壤与肥料》2018年第 3 期。

［160］曹执令、黄飞、伍赛君：《中国农业生产碳汇效应与生产绩效的时空特征》，《经济地理》2022 年第 9 期。

［161］王昌海、谢梦玲：《完善农业农村减排固碳制度体系的创新思路》，《中国国土资源经济》2023 年第 10 期。

［162］陈洪俨、鲁艳红、廖育林、王斌、万运帆、王开悦、张志伟、聂军、秦晓波：《等养分投入下冬种紫云英比秸秆还田更有效抑制稻田 CH_4 的产生和排放》，《植物营养与肥料学报》2022 年第 8 期。

［163］程敏、张萃云：《电网企业基于温室气体排放权交易的 MRV 体系建设与研究》，《能源与环境》2019 年第 2 期。

［164］胡池群、马晓钰、刘家民：《城乡融合对农业碳排放强度的影响研究》，《农业现代化研究》2023 年第 4 期。

［165］方精云、耿晓庆、赵霞、沈海花、胡会峰：《我国草地面积有多大?》，《科学通报》2018 年第 17 期。

［166］冯泳程、郁鸿凌、桂萌溪、施文琦：《我国秸秆直燃发电技术的发展现状》，《节能》2018 年第 12 期。

［167］高树琴、赵霞、方精云：《我国草地的固碳功能》，《中国工程科学》2016 年第 1 期。

［168］顾阿伦、滕飞、王宇：《我国部门减排行动可测量、可报告、可核实现状分析》，《气候变化研究进展》2010 年第 6 期。

［169］关柳珍、郭三党、李倩、刘芳、彭裕恒：《"双碳背景"下的政府－农户碳减排演化博弈分析》，《河南科学》2023 年第 8 期。

［170］吴昊玥、周蕾、何艳秋、刘璐、马金山、孟越、郑祥江：《中国种植业碳排放达峰进程初判及脱钩分析》，《中国生态农业学报（中英文）》2023 年第 8 期。

［171］何妮、姚聪莉、张畅：《"双碳"目标下黄河流域农业生态效率的动态演进与收敛特征》，《西北农林科技大学学报》（社会科学版）2024 年第 3 期。

［172］贺晔平、廖朴：《碳保险、低碳财税政策与农业碳减排——基于碳排

放权交易下的演化博弈分析》，《软科学》2023 年 8 月 22 日。

[173] 侯向阳、丁勇等：《内蒙古主要草原类型区保护建设技术固碳潜力研究》，科学出版社，2014。

[174] 黄政：《甘肃陇南山地人工植被土壤有机碳密度及固碳潜力研究》，硕士学位论文，兰州大学，2018。

[175] 吉雪强、崔益邻、张思阳、孙红雨、袁崇铭、张跃松：《农地流转对农业碳排放强度影响的空间效应及作用机制研究》，《中国环境科学》2023 年第 12 期。

[176] 贾吉秀、姚宗路、赵立欣、从宏斌、刘广华、赵亚男：《秸秆捆烧锅炉设计及其排放特性研究》，《农业工程学报》2019 年第 22 期。

[177] 金凤：《秸秆上做文章，找到农业减碳新路》，《科技日报》2023 年 3 月 22 日。

[178] 巨晓棠、张翀：《论合理施氮的原则和指标》，《土壤学报》2021 年第 1 期。

[179] 李宝珍、周萍、李宇虹、李颜、魏晓梦、陈香碧、高威、吴金水：《亚热带稻田土壤持续固碳机制研究进展》，《华中农业大学学报》2022 年第 6 期。

[180] 李丽颖：《发展生态低碳农业，推进人与自然和谐共生的中国式农业现代化》，《农民日报》2023 年 2 月 17 日。

[181] 李如楠、李玉娥、王斌、万运帆、李健陵、马娉、翁士梅、秦晓波、高清竹：《双季稻减排增收的水氮优化管理模式筛选》，《农业工程学报》2020 年第 21 期。

[182] 李伟振、姜洋、饶曙、阴秀丽、蒋恩臣：《玉米秸秆和木屑及木钠混配成型工艺参数优化》，《农业工程学报》2018 年第 1 期。

[183] 李艳：《温室气体监测、报告和核查的国际经验与启示》，《中国环境科学学会 2021 年科学技术年会论文集（一）》2021 年 10 月 19 日。

[184] 里玉洁、高光强：《船舶碳排放 MRV 技术探析》，《船舶》2018 年第 S1 期。

[185] 刘建华：《分析围封对沙漠化草地土壤理化性质和固碳潜力恢复的影响》，《防护林科技》2019 年第 1 期。

［186］刘淑军、李冬初、黄晶、曲潇林、马常宝、王慧颖、于子坤、张璐、韩天富、柳开楼、申哲、张会民：《近 30 年来我国小麦和玉米秸秆资源时空变化特征及还田减肥潜力》，《中国农业科学》2023 年第 16 期。

［187］刘一良、张景、王丝丝、苗晨、李晗、宋婉娟、张松梅：《"全球生态环境遥感监测年度报告"回顾：2012—2021》，《遥感学报》2022 年第 10 期。

［188］罗明忠、魏滨辉：《农业生产性服务的碳减排作用：效应与机制》，《经济经纬》2023 年第 4 期。

［189］马芬、杨荣全、郭李萍：《控制氮肥施用引起的活性氮气体排放：脲酶/硝化抑制剂研究进展与展望》，《农业环境科学学报》2020 年第 4 期。

［190］马边防：《黑龙江省现代化大农业低碳化发展研究》，博士学位论文，东北农业大学，2016。

［191］苗曼倩、朱超群、莫天麟、王月莲、比嘉照夫：《EM 对稻田甲烷排放抑制作用的初步研究》，《应用气象学报》1998 年第 4 期。

［192］钱力、郑娟：《农业碳汇效率测算及其影响因素研究——基于超效率 SBM 模型和 Tobit 模型》，《江西理工大学学报》2023 年第 4 期。

［193］秦晓波、李玉娥、万运帆、廖育林、范美蓉、高清竹、刘硕、马欣：《耕作方式和稻草还田对双季稻田 CH_4 和 N_2O 排放的影响》，《农业工程学报》2014 年第 11 期。

［194］秦晓波、李玉娥、万运帆、石生伟、廖育林、刘运通、李勇：《免耕条件下稻草还田方式对温室气体排放强度的影响》，《农业工程学报》2012 年第 6 期。

［195］秦晓波、王金明、王斌、万运帆：《稻田甲烷排放现状、减排技术和低碳生产战略路径》，《气候变化研究进展》2023 年第 5 期。

［196］屈雷宇、金楚砚、李可人、高青山、张敏：《富硒乳酸菌发酵秸秆对延边黄牛瘤胃发酵的影响》，《饲料工业》2022 年第 23 期。

［197］任洪杰、李辉尚、冯祎宇：《基于时空视角的广东省农业碳排放动态演化特征及发展趋势研究》，《中国生态农业学报（中英文）》2023 年第 8 期。

［198］尚杰、李乾乾：《碳排放约束条件下长江经济带农业生产效率研究》，《河南农业大学学报》2023 年第 6 期。

［199］施飚赟：《探讨新时代背景下绿色低碳农业发展趋势》，《东方城乡报》2023 年 6 月 13 日。

［200］宋春燕、李玉娥、万运帆、秦晓波、张欣禹、朱波、胡严炎、王斌：《节水减氮和品种管理对双季稻 CH_4 的减排效果》，《生态学杂志》2024 年第 3 期。

［201］宋春燕、王斌、李玉娥、贾羽旋、胡严炎、朱波、蔡岸冬、万运帆：《秸秆还田下节水减氮对不同双季稻品种 N_2O 排放的影响及驱动因素》，《中国土壤与肥料》2023 年第 8 期。

［202］孙天晴、刘克、杨泽慧、江丽、胡国瑞：《国外碳排放 MRV 体系分析及对我国的借鉴研究》，《中国人口·资源与环境》2016 年第 S1 期。

［203］谭涛、杨青、任家卫：《"两山"理论背景下海南省农业碳排放效率与农业经济增长耦合协调研究》，《中国农业资源与区划》2023 年 9 月 25 日。

［204］唐菁、曾庆均、刘浩：《中国农业碳补偿率的动态演进、区域差异及空间收敛性研究》，《农业技术经济》2024 年第 1 期。

［205］唐炜轩、赵琛、贾淼、李燕、刘淑甜、李艳玲：《饲粮中添加桉叶油和茴香油对肉羊甲烷产量及瘤胃产甲烷菌区系的影响》，《动物营养学报》2022 年第 8 期。

［206］田云、贺宜畅：《农村劳动力转移促进了农业碳减排吗——基于 30 个省份的面板数据检验》，《中国地质大学学报》（社会科学版）2023 年第 5 期。

［207］王斌、李玉娥、蔡岸冬、刘硕、任天婧、张嘉琪：《碳中和视角下全球农业减排固碳政策措施及对中国的启示》，《气候变化研究进展》2022 年第 1 期。

［208］王斌、李玉娥、万运帆、秦晓波、高清竹：《控释肥和添加剂对双季稻温室气体排放影响和减排评价》，《中国农业科学》2014 年第 2 期。

［209］王斌、万运帆、郭晨、李玉娥、秦晓波、任涛、赵婧：《控释尿素、

稳定性尿素和配施菌剂尿素提高双季稻产量和氮素利用率的效应比较》，《植物营养与肥料学报》2015年第5期。

[210] 王斌、蔡岸冬、宋春燕、秦晓波、刘硕、李玉娥：《稻田甲烷减排：技术、挑战与策略》，《中国农业资源与区划》2023年第10期。

[211] 王诚鹏、王文蔚：《农机电动化是新的增长点》，《储能科学与技术》2023年第8期。

[212] 王金明、秦晓波、万运帆、周盛、张志伟：《中国水稻食物系统碳足迹结构组成和地区差异》，《生态环境学报》2023年第8期。

[213] 王楠楠：《不同耕作方式和秸秆还田对土壤团聚体及有机碳的影响》，硕士学位论文，黑龙江八一农垦大学，2023。

[214] 王若绮、李哲：《低蛋白质日粮补充植酸酶对育肥猪生长性能、粪便特征及甲烷排放的影响》，《中国饲料》2021年第18期。

[215] 王田、寿欢涛、马翠梅：《国际种养殖业温室气体控排MRV经验及启示》，《世界环境》2020年第5期。

[216] 王义祥、叶菁、林怡、刘岑薇、李艳春：《花生壳生物炭用量对猪粪堆肥温室气体和NH_3排放的影响》，《中国农业大学学报》2021年第6期。

[217] 吴红霞、崔博宇：《"双碳"背景下河北省低碳农业发展现状、困境及对策研究》，《中国管理信息化》2023年第13期。

[218] 奚雅静、刘东阳、汪俊玉、武雪萍、李晓秀、李银坤、王碧胜、张孟妮、宋霄君、黄绍文：《有机肥部分替代化肥对温室番茄土壤N_2O排放的影响》，《中国农业科学》2019年第20期。

[219] 肖申、于鹏峰、葛志伟、刘三举：《基于生物质气化耦合发电的气化特性实践研究》，《热能动力工程》2019年第12期。

[220] 辛晓平、丁蕾、程伟、朱晓昱、陈宝瑞、刘钟龄、何广礼、青格勒、杨桂霞、唐华俊：《北方草地及农牧交错区草地植被碳储量及其影响因素》，《中国农业科学》2020年第13期。

[221] 熊飞雪、赵星磊、郭子毅、朱述斌：《土地整治对农业碳排放的影响研究——基于高标准农田建设政策的准自然实验》，《中国生态农业学报（中英文）》2023年第12期。

[222] 徐丽、于贵瑞、何念鹏：《1980s—2010s中国陆地生态系统土壤碳储

量的变化》,《地理学报》2018 年第 11 期。

[223] 周宣杰、陈佳杰、陈欣、唐建军:《"双碳"目标下农业生态系统中有机肥施用的若干探讨综述》,《浙江农业科学》2023 年第 12 期。

[224] 颜安:《新疆土壤有机碳/无机碳空间分布特征及储量估算》,博士学位论文,中国农业大学,2015。

[225] 刘阳、靳晨生、张海亚、张新波、张玉盼:《秸秆生物炭的固碳减排潜力及其环境影响》,《中国环境科学》2024 年第 1 期。

[226] 杨琦、邱娜、李露洁、史鑫蕊、张东升、宗毓铮、李萍、郝兴宇:《大气 CO_2 浓度与温度升高对小麦表层土壤碳氮含量及酶活性的影响》,《核农学报》2023 年第 10 期。

[227] 姚宗路、张妍、赵立欣、郭占斌、孟海波、丛宏斌、霍丽丽:《立式双层孔环模生物质压块机设计与试验》,《农业工程学报》2016 年第 S1 期。

[228] 袁剑琴:《欧盟碳市场 MRV 机制对我国碳市场建设的启示》,《财经界》2022 年第 16 期。

[229] 湛世界、孟海波、程红胜、沈玉君、樊啟州:《生物质锅炉烟气中 PM-VOCs 一体化脱除装置的设计》,《环境工程学报》2018 年第 10 期。

[230] 张蓓蓓、刘芳、丁金枝、房凯、杨贵彪、刘莉、陈永亮、李飞、杨元合:《青藏高原高寒草地 3 米深度土壤无机碳库及分布特征》,《植物生态学报》2016 年第 2 期。

[231] 张俊飚、何可:《"双碳"目标下的农业低碳发展研究:现状、误区与前瞻》,《农业经济问题》2022 年第 9 期。

[232] 张开萍、张洪福、高明明、王勇、马聪:《生物质循环流化床发电技术研究进展》,《华电技术》2021 年第 10 期。

[233] 张克强、杜连柱、杜会英、沈仕洲:《国内外畜禽养殖粪肥还田利用研究进展》,《农业环境科学学报》2021 年第 11 期。

[234] 张森森:《双碳背景下豫北地区农业绿色发展水平评价》,《黑龙江粮食》2023 年第 7 期。

[235] 张瑞、王鸿飞、吴怡慧、党秀丽、张玉玲、虞娜、邹洪涛、张玉龙:《化肥与有机肥配施对设施土壤团聚体稳定性及其有机碳、全氮含量

的影响》，《中国土壤与肥料》2023 年第 2 期。

［236］张卫红、李玉娥、秦晓波、万运帆、刘硕、高清竹：《应用生命周期法评价我国测土配方施肥项目减排效果》，《农业环境科学学报》2015 年第 7 期。

［237］张雄伟、李刚、董宽虎、赵祥：《山西主要草地类型土壤有机碳储量及其垂直分配特征》，《中国草地学报》2020 年第 1 期。

［238］张燕华、李艳平：《农业可持续发展政策的碳减排效力研究——基于国家农业可持续发展试验的经验证据》，《上海经济》2023 年第 4 期。

［239］张义宁、王俊：《绿肥腐解过程及其对旱作农田土壤碳氮和玉米产量的影响》，《生态学杂志》2023 年第 11 期。

［240］张志伟、秦晓波、樊建凌、魏显虎、万运帆、王金明、廖育林、鲁艳红：《干湿交替灌溉模式在湖南稻区适用性及其甲烷减排潜力评估》，《农业工程学报》2022 年第 Z 期。

［241］赵金兰、刘佳、王灵秀、郝庆军、孙盈盈：《水泥生产企业碳交易MRV 的实施研究》，《新世纪水泥导报》2019 年第 2 期。

［242］赵明月、刘源鑫、张雪艳：《农田生态系统碳汇研究进展》，《生态学报》2022 年第 23 期。

［243］赵云飞：《青藏高原高寒草地土壤有机碳来源、周转及驱动因素》，博士学位论文，兰州大学，2023。

［244］范振浩、邢巍巍、卜元卿、刘娟：《江苏省种植业碳排放的测算及达峰分析》，《水土保持学报》2023 年第 5 期。

［245］郑爽：《省市碳交易试点调研报告》，《中国能源》2014 年第 2 期。

［246］朱森杰、尹忞昊、袁祥州、田云：《农业保险促进了农业碳生产率提升吗?》，《中国农业资源与区划》2023 年 8 月 10 日。

第三章
低碳发展评价与核算

摘　要：　　　定量评价是低碳发展的重要评测依据。低碳发展的评价与核算方法都是我国碳排放监测、报告与核查体系的重要组成部分。本章内容分为低碳园区评价及其评价体系和代表性农产品碳足迹核算两部分。

低碳园区定量评价引领农业行业绿色高质量发展。本章根据国内典型农业园区的生产管理特征和建设目标，构建低碳园区评价指标体系。第一层为目标层，即低碳园区评价；第二层为准则层，能够反映低碳农业的关注重点；第三层为指标层，由 16 个指标组成，包括单位 GDP 碳排放量、排放强度降低率、园区绿地率、肥药效率、节水灌溉率、秸秆综合利用率、畜禽粪污综合利用率、清洁能源使用率、工业废水处理率、工业固体废物回收利用率、生活污水处理率、生活垃圾分类处理率、低碳管理能力、清洁生产规范、管理体系认证、产品认证。根据低碳园区评价结果，本报告提出适用于低碳园区的技术措施建议。

生命周期评估促进碳核算标准化发展。我国小麦 2015～2021 年"从摇篮到大门"的单位产量碳足迹为 $0.521\pm0.034\text{t CO}_2\text{e/t}$，较之前 15 年下降了 31.45%，呈现缓慢下降的趋势。与世界主要小麦生产国印度（$0.33\text{t CO}_2\text{e/t}$）和美国（$0.35\text{t CO}_2\text{e/t}$）相比，我国小麦碳足迹平均值偏高，这主要是由于我国氮肥施用量较高、灌溉技术有待提高、节水灌溉面积小、灌溉水利用系数低。2021年，我国苹果总碳排放为12.88Mt CO_2e，苹果平均单位产量碳排放强度为0.13kg CO_2e/kg，苹果平均单位面积碳排放强度为3.32t $CO_2e \cdot ha^{-1}$。其中，山西、陕西和甘肃单位面积碳排放较高。化肥和灌溉是我国苹果种植环节主要碳排放源。2019年我国绿茶产品整个生命周期的碳排放总量为43.40Mt CO_2e。消费、种植和加工环节的碳排放量分别占碳排放总量的43.50%、30.12%、14.33%。此外，茶树固碳抵消了种植阶段45.43%的碳排放量。我国绿茶单位产品碳排放量（PCF）平均值为23.39kg CO_2e/kg，PCF水平较高的地区包括江苏、湖北、江西和安徽等。本报告对江苏某奶牛养殖场2020~2022年连续3年的碳足迹进行了评估和比较，2022年养殖场生产每公斤脂肪和蛋白修正奶（FPCM）的平均温室气体排放量为2.32kg CO_2e，其中大部分来自饲料种植和加工（41.0%）、肠道发酵（26.2%）、粪便管理（14.3%）和粪便还田（6.2%）。碳足迹受饲料日粮、奶牛产奶量、畜群结构、粪肥管理和能量消耗等因素的影响。情景分析表明，该养殖场牛奶生产的碳足迹可以减少22.0%，减排潜力较大，应通过改善日粮结构和节约能源来减少碳足迹。

一 低碳园区评价及其评价体系

（一）低碳园区评价

2021 年 10 月，国务院发布《2030 年前碳达峰行动方案》，提出"打造一批达到国际先进水平的节能低碳园区"，"推进产业园区循环化发展"，"选择 100 个具有典型代表性的城市和园区开展碳达峰试点建设"。园区作为我国产业聚集、工业化、城市化的重要载体，是区域经济发展、产业结构调整的重要集聚形式，其绿色低碳发展是实现碳达峰碳中和目标的重要途径。推进园区绿色低碳特色化发展，对于推动国家经济发展、支撑制造强国战略和实现"双碳"目标具有战略性和全局性意义。

重视园区低碳发展评价体系的构建与实施，能够从系统层面掌握园区碳排放实际情况，通过对标管理提出园区碳减排目标及措施，最终促进各类园区在细化后的不同平台标准下，方向相同、步调一致地共同促进"双碳"目标的如期顺利实现。在低碳园区评价标准方面，当前发布的低碳园区评价标准有 T/CIECCPA 010—2023、T/QDSF 012—2022、SZDB/Z 308—2018、DB11/T 1369—2016 等。我国在工业园区低碳发展方面已经发表了不少的研究和标准，但在第一产业主导园区低碳发展方面的研究和标准略少，然而非工业园区的低碳转型也同样重要，因此第一产业主导园区低碳发展研究同样对减排具有重要意义。建立一套低碳园区的评价指标体系顺应了园区低碳发展的需求，有助于推动低碳园区的建设及发展。在园区低碳化建设和管理过程中，标准化的评价有利于查找不足，及时发现和反馈评价标准在实施过程中需要改进更新之处，有利于标准复审和维护更新，与时俱进。园区低碳发展是一项紧迫、重大任务，需要在实践中进行理论创新、技术创新与管理创新，并根据创新成果持续优化园区低碳系统实施路径与实现方案。

（二）定义边界

本报告涵盖了农业园区的多个方面，包括种植业园区、养殖业园区以及附带初加工园区。

种植业园区主要进行各种农作物、林木、果树、药用和观赏等植物的栽培，种植有粮食作物、经济作物、蔬菜作物、绿肥作物、饲料作物、园艺作物。

养殖业园区主要包括牛、马、驴、骡、骆驼、猪、羊、鸡、鸭、鹅、兔、蜂等饲养业和鹿、貂、水獭、麝等野生经济动物驯养业，该评价体系不考虑水产养殖部分。

附带初加工园区涉及农产品初步加工和处理的各个方面，包括清理、浸泡、去除杂质、脱壳、磨粉、脱水、晾晒、烘干、干燥、筛理、冷冻、分级、包装等的简单加工处理。

由于粮食烘干属于粮食整理，是粮食储存流通中的附属工作，不属于粮食初加工范围，因此该案例中不包括工业部分。

（三）低碳园区评价指标体系构建

根据低碳园区的特征及建设目标，参考青岛市《低碳园区评价指南》（2022 年）和深圳市《低碳企业评价指南》（2018 年），本报告将低碳园区的评价指标体系划分为三个层次。第一层为目标层，包括低碳生产、低碳环境和低碳管理；第二层为准则层，对应低碳发展的几个重点，即温室气体排放控制、资源利用、绿色环境、环境保护、低碳制度与低碳认证；第三层为指标层，由 16 个指标组成。低碳园区评价指标体系如表 3-1 所示，由于园区涉及范围不同，其评价指标也不同，需要根据园区具体情况对指标进行调整。

表 3-1 低碳园区评价指标体系

目标层	准则层	序号	指标层	类型	入选依据
低碳生产	温室气体排放控制	1	单位 GDP 碳排放量	必选	"十四五"规划要求降低单位 GDP 二氧化碳排放量
		2	排放强度降低率	必选	
	资源利用	3	肥药效率	种植业	《到 2020 年化肥使用量零增长行动方案》和《到 2020 年农药使用量零增长行动方案》提出化肥农药减量增效
		4	节水灌溉率	种植业	三者均是提高资源利用效率的重要举措
		5	秸秆综合利用率	种植业	
		6	畜禽粪污综合利用率	养殖业	
低碳环境	绿色环境	7	园区绿地率	必选	"十四五"规划提出森林覆盖率达到 24.1%,园区则需要通过提高绿地率来增加碳汇
		8	清洁能源使用率	必选	《能源生产和消费革命战略(2016-2030)》明确,到 2030 年,我国新增能源需求将主要依靠清洁能源满足
	环境保护	9	工业废水处理率	工业	"十四五"规划提出要持续改善环境质量,废水和垃圾处理可以有效控制环境污染
		10	生活污水处理率	必选	
		11	工业固体废弃物回收利用率	工业	
		12	生活垃圾分类处理率	必选	

目标层	准则层	序号	指标层	类型	入选依据
低碳管理	低碳制度	13	低碳管理能力	必选	表征低碳管理水平和政策力度
	低碳认证	14	清洁生产规范	工业、养殖业（规模养殖场）	"十四五"规划提出 2025 年建立清洁生产制度体系
		15	管理体系认证	必选	通过认证对企业制度和产品进行约束和评估
		16	产品认证	必选	

（四）指标解释

a. 单位 GDP 碳排放量：报告期内园区碳排放总量与园区 GDP 之比，反映园区整体的碳排放水平。该指标有利于明确碳排放情况，引导企业实现低碳转型。

碳排放总量：根据清单法，碳排放总量包括化石燃料燃烧温室气体排放、农用地氧化亚氮排放、动物肠道发酵甲烷排放、动物粪便管理甲烷和氧化亚氮排放、固体废弃物填埋处理甲烷排放。

单位 GDP 碳排放量＝碳排放总量/生产总值。

b. 排放强度降低率：排放强度降低率是指与基期相比，园区二氧化碳排放强度的年下降率。该指标有利于引导能源清洁低碳高效利用和产业绿色转型，确保 2030 年前实现碳达峰，展现我国负责任大国担当。

碳排放强度下降率＝（本年碳排放强度－上年碳排放强度）/基期碳排放强度×100%。

c. 肥药效率：单位化肥农药生产农产品的能力，可以反映化肥农药的利用率及农产品的产出情况。该指标有助于实现化肥农药减量增效，提高化肥利用率，从而降低种植业碳排放，同时保证粮食供给。肥药效率评分标准根据 2022 年全国肥药效率分布进行确定，肥药效率评分规则见表3-2。

肥药效率＝产量/（化肥使用量+农药使用量）。

表3-2 肥药效率评分规则

肥药效率	分值
≥40	100
[30,40)	80
[20,30)	60

d. 节水灌溉率：报告期内园区中节水灌溉面积占农用地总灌溉面积的比例，反映园区灌溉情况。在农业用水量基本稳定的同时扩大灌溉面积、提高灌溉保证率，是促进水资源可持续利用、保障国家粮食安全、加快转变经济发展方式的重要举措。

节水灌溉是指以最低限度的用水量获得最大的产量或收益，也就是最大限度地提高单位灌溉水量的农作物产量和产值的灌溉措施。其主要措施有：渠道防渗、低压管灌、喷灌、微灌和建立灌溉管理制度。

e. 秸秆综合利用率：报告期内园区中农作物秸秆肥料化（含还田）、饲料化、食用菌基料化、燃料化、工业原料化利用总量与秸秆产生量的比值。该指标有助于扎实推进秸秆科学还田，加强秸秆资源台账建设，健全监测评价体系，强化科技服务保障，探索建立可推广、可持续的产业发展模式和高效利用机制，引领秸秆综合利用提质增效。

秸秆综合利用率＝秸秆综合利用重量÷秸秆产生总重量×100%。

f. 畜禽粪污综合利用率：报告期内园区中用于生产（堆）沤肥、沼肥、肥水、商品有机肥、垫料、基质等并符合有关标准或要求的畜禽粪污量占畜禽粪污总量的比重。畜禽粪肥还田利用是解决畜禽养殖污染问题的根本出路，该指标有助于进一步明确粪污还田利用适用标准，落实养殖场户污染防治主体责任，强化畜禽养殖污染监管，切实提高畜禽养殖粪污资源化利用水平。

畜禽粪污综合利用率＝（粪便处理量＋沼气发电量＋生物肥料产量＋其他利用量）/畜禽粪便产生量×100%。

g. 园区绿地率：园区内绿地面积占总用地面积的百分比。园区绿地率是表征园区碳汇能力的重要内容，也是表征城市碳汇资源水平的重要指标。该指标有利于推进国土绿化、守护好祖国的绿水青山，增强生态功能，增加园区碳汇。

园区绿地率＝园区绿地面积/园区总面积×100%。

h. 清洁能源使用率：清洁能源使用量与园区终端能源消费总量之比，能源使用量均按标煤计。其中，清洁能源包括用作燃烧的天然气、焦炉煤气、其他煤气、炼厂干气、液化石油气等清洁燃气，水能、风能、光伏、核能所产生电能以及低硫轻柴油等清洁燃油（不包括机动车用燃油）。

清洁能源使用率＝清洁能源使用量/终端能源消费总量×100%。

i. 工业废水处理率：报告期内工业废水经处理后，各项污染物指标都达到国家或地方排放标准的外排工业废水量占总排放量的比例，包括生产废水、外排的直接冷却水、超标排放的矿井地下水和与工业废水混排的厂区生活污水，不包括外排的间接冷却水（清污不分流的间接冷却水应计算在废水排放量内）。工业废水处理对工业生产的发展、产品质量的提高、人类环境的保护和生态平衡的维护具有重要意义。

工业废水处理率＝工业废水排放达标量/工业废水排放总量×100%。

j. 生活污水处理率：生活污水集中处理量和园区使用污水处理设施单独处理量占生活污水总排放量的比例。生活污水处理能有效地消灭水中的微生物和寄生虫，不会严重危害自然环境。

生活污水处理率＝（生活污水集中处理量＋单独处理量）/生活污水总量×100%。

k. 工业固体废弃物回收利用率：工业固体废弃物综合利用量占工业固体废弃物产生量（包括综合利用往年贮存量）的百分比。工业固体废弃物综合利用量指报告期内企业通过回收、加工、循环、交换等方式，从固体废弃物中提取或者使其转化为可以利用的资源、能源和其他原材料的固体废弃物量（包括当年利用往年的工业固体废物贮存量），如用作农业肥料、生产建筑材料、筑路等的工业固体废弃物利用量。工业固体废弃物综合利用量由原产生固体废弃物的单位统计。开展工业资源综合利用，提高资源利用效率，是推进工业绿色低碳循环发展、保障资源供给安全的重要内容。该指标有助于加快构建废弃物循环利用体系，对于缓解资源环境对经济社会发展的约束具有重要现实意义。

工业固体废弃物回收利用率=工业固体废弃物综合利用量/（工业固体废弃物产生量+综合利用往年贮存量）×100%。

l. 生活垃圾分类处理率：生活垃圾分类指开展生活垃圾分类投放、分类收集、分类运输、分类处理的活动，该活动应满足《山东省城乡生活垃圾分类技术规范》（DB37/T 5182—2021）要求。加快推进生活垃圾分类和处理设施建设，提升全社会生活垃圾分类和处理水平，是改善城镇生态环境、保障人民健康的有效举措，对推动生态文明建设实现新进步、社会文明程度得到新提高具有重要意义。

生活垃圾分类处理率=生活垃圾分类处理量/生活垃圾总量×100%。

m. 低碳管理能力：反映企业对温室气体排放的制度约束能力，有助于开展温室气体系统监测核算，明确低碳园区建设方向，推动企业加强碳排放管理，并利用市场机制发现合理碳价，为企业碳减排提供灵活选择，在降低全社会减排成本的同时带动绿色低碳产业投资，是促进全社会生产生活方式低碳化、长期化的有效方式，为处理好经济发展与碳减排的关系提供了有效途径。

低碳管理能力从以下三个方面进行评价。

有健全的温室气体管理组织架构，设立专门的温室气体排放管理岗位，明确工作职责；

建立完善的温室气体排放统计制度和信息平台；

编制园区低碳发展规划。

上述条件满足 1 项得 50 分；满足 2 项得 80 分；满足 3 项得 100 分。

n. 清洁生产规范：对生产过程而言，清洁生产包括节约原材料和能源，淘汰有毒有害的原材料，并在全部排放物和废物离开生产过程以前，尽最大可能减少它们的排放量和毒性；对产品而言，清洁生产旨在减少产品整个生命周期过程对人类和环境的影响。清洁生产作为从源头提高资源利用效率、减少或避免污染物和温室气体产生的有效措施和重要制度，可以有效推动污染防治从末端治理向源头预防、过程削减和末端治理全过程控制转变，实现节约资源、降低能耗、减污降碳、提质增效等多重目标，对推动减污降碳协同增效、加快形成绿色生产方式、促进经济社会发展全面绿色转型具有重要意义。该指标有助于推进清洁生产整体水平大幅提升，提高能源资源利用效率，明显降低重点行业主要污染物和二氧化碳排放强度，不断壮大清洁生产产业。

企业通过清洁生产审核评估或验收得 100 分，仅开展清洁生产审核工作得 60 分，否则不得分。

o. 管理体系认证：企业根据 GB/T 24001 建立环境管理体系并通过认证得 100 分，仅建立环境管理体系得 60 分，否则不得分；企业根据 GB/T 23331 建立能源管理体系并通过认证得 100 分，仅建立能源管理体系得 60 分，否则不得分；通过 FSA 可持续农场认证得 60 分，否则不得分。满足上述三项中任意一项得 100 分。

p. 产品认证：对园区生产产品进行相关认证，有助于帮助生产企业建立健全有效的质量体系。

获得无公害农产品认证得 60 分，获得绿色产品认证得 80 分，获得有机产品认证得 100 分。

（五）指标属性及标准值确定

指标标杆值选取的方法主要有三种：利用现有法规标准、参考统计样本以及参考专家意见。本报告定量分析部分主要参考现有法规标准和全国统计样本数据分布确定标准值或评分规则，定性分析部分参考现有法规标准和专家意见。报告主要参考《中华人民共和国国民经济和社会发展第十四个五年规划和 2035 年远景目标纲要》、《浙江省绿色低碳工业园区建设评价导则（2022 版）》以及前面参考指标体系的标准等，运用定性与定量相结合的方法确定评价标准，最终确定的低碳园区评价标准体系见表 3-3。

表 3-3　低碳园区评价标准体系

目标层	准则层	指标层	属性	标准值
低碳生产	温室气体排放控制	单位 GDP 碳排放量	负	1 吨/万元
		排放强度降低率	正	3.6%
	资源利用	肥药效率	正	40%
		秸秆综合利用率	正	90%
		畜禽粪污综合利用率	正	90%
		节水灌溉率	正	100%
低碳环境	绿色环境	园区绿地率	正	30%
		清洁能源使用率	正	25%
	环境保护	工业废水处理率	正	100%
		生活污水处理率	正	60%
		工业固体废弃物回收利用率	正	100%
		生活垃圾分类处理率	正	60%
低碳管理	低碳制度	低碳管理能力	正	100%
		清洁生产规范	正	100%
	低碳认证	管理体系认证	正	100%
		产品认证	正	100%

（六）计算方法

指标分为正向指标与负向指标，即当指标表现为趋高数值（越高越好）时，该指标为正向指标；当指标表现为趋低数值（越低越好）时，该指标为负向指标。同时考虑到正向指标与负向指标的差别，对各项评价指标的实际数值根据其类别和不同情况分别进行标准化处理。

对正向指标，其标准化处理公式为：$S_i = \dfrac{S_{xi}}{S_{\sigma i}}$。

对负向指标，其标准化处理公式为：$S_i = \dfrac{S_{\sigma i}}{S_{xi}}$。

其中，S_i 为第 i 项评价指标的单项评价指数；S_{xi} 为第 i 项评价指标的实际值；$S_{\sigma i}$ 为第 i 项评价指标的评价基准值。

本报告权重采用均值评价法，对三级指标及指标层指标进行均值处理确定权重。单项指标权重 $W_i = \dfrac{100}{n}$，综合指数 $I = \sum_i^n (S_i \times W_i)$，其中 n 为指标总数。

园区的低碳等级根据各产业园区综合评价所得的评估值来确定，不同的评估值代表不同的低碳发展水平。低碳园区等级划分如表3-4所示。

表3-4　低碳园区等级划分

评价等级	优秀	良好	合格	不合格
指数	$[0.8,1)$	$[0.7,0.8)$	$[0.6,0.7)$	$[0,0.6)$

（七）山东鲁望案例评价

山东鲁望园区位于山东省德州市平原县，其生产部分主要包括小麦玉米种植、粮食烘干和晾晒、生猪养殖，其中小麦种植 10823.5 亩、玉米种植 10243.5 亩，生猪养殖包括养殖场 100 亩和育肥场 126 亩，共养殖母猪 2238 头、小猪 8635 头，育肥猪存栏 3424 头、出栏 7043 头。此外还包括烘干塔、钢板仓、晾晒场、农资库、展览馆和服务中心。

园区的评价指标体系划分为 3 个层次，园区依据低碳评价指标体系进行评价示范，分别对目标层、准则层、指标层所包含的指标进行评价（见表 3-5）。园区的低碳评价得分为 0.658，整体表现合格，其中低碳生产的分值为 0.321，低碳环境的评价分值为 0.260，低碳管理的评价分值为 0.077。

表 3-5　2021 年山东土地鲁望低碳园区评价结果

目标层	分值	准则层	分值	指标层	权重	分值	园区指标/理想值
低碳生产	0.321	温室气体排放控制	0.028	单位 GDP 碳排放量	7.69	0.028	0.37
				排放强度降低率	7.69	0.000	0.00
		资源利用	0.293	肥药效率	7.69	0.062	0.80
				秸秆综合利用率	7.69	0.077	1.00
				畜禽粪污综合利用率	7.69	0.077	1.00
				节水灌溉率	7.69	0.077	1.00
低碳环境	0.260	绿色环境	0.106	园区绿地率	7.69	0.029	0.38
				清洁能源使用率	7.69	0.077	1.00
		环境保护	0.154	生活污水处理率	7.69	0.077	1.00
				生活垃圾分类处理率	7.69	0.077	1.00
低碳管理	0.077	低碳制度	0.000	低碳管理能力	7.69	0.000	0.00
		低碳认证	0.077	管理体系认证	7.69	0.077	1.00
				产品认证	7.69	0.000	0.00
综合评分						0.658	
评分等级						合格	

　　根据各目标层分值可以看出，园区在低碳生产和低碳环境方面表现优秀，但在低碳管理上表现较差，这是园区整体评价结果不理想的主要原因。结合准则层、指标层分值和园区指标与理想值比值来看，低碳生产方面，园区在温室气体排放控制上表现较差，同时缺乏对温室气体排放的连续监测；在资源利用方面，园区通过建设节水设施和秸秆粪污再利用提高了资源利用效率。低碳环境方面，园区表现十分优秀，清洁能源使用率为70%，远高于评价标准，生活垃圾分类处理率和生活污水处理率均为100%，但园区绿地率仅为11.34%，与标准值30%仍有不小差距，绿地面积需进一步增加，园区低绿地率影响生态环境固碳能力，不利于园区整体可持续发展。低碳管理是园区表现最差的部分，园区缺乏低碳管理能力和产品认证，是目前园区面临的主要问题。

　　当前，园区在低碳建设上仍需努力，应在不影响园区基本生产生活的基础上合理扩大绿色植被种植面积，提高园区绿地率，增强碳汇功能，同时可以采用光伏发电、沼气发电等措施实现可再生能源替代不可再生能源，园区之间可相互合作，相互利用生产废物，加强资源循环利用，提高资源利用率，形成资源循环产业链。园区应建立完善的低碳管理体系，开展园区低碳发展规划，推进园区低碳化改造，实现园区碳达峰碳中和。园区管理机构主要负责人应担任园区低碳化改造总负责人，加强规划引领和政策引导，广泛动员园区各方、各部门力量，有效调动各类资源，加快园区低碳化改造，要对照碳达峰目标设定，对低碳化改造中出现的新情况、新问题做好应对，确保如期实现园区碳达峰碳中和目标。园区应建设温室气体排放信息平台，加强对碳排放基础及过程数据的监测监管，以便明确园区温室气体排放情况并采取相应措施进行控制，对低碳化改造及成效及时进行评估，最终建立低碳园区温室气体排放信息网络，依托物联网、大数据等关键技术的数字化，接纳减排增汇新技术，衡量经济发展与碳排放控制，实现结构升级和减排增产，生产绿色有机产品，促进园区迈向绿色低碳的未来。

二　小麦碳足迹核算

（一）研究区域和数据

小麦作为我国主要的粮食作物之一，播种面积约占我国农作物播种总面积的 13.97%。从种植到收获、加工、储存、运输，直至被作为食物端上餐桌，小麦食物系统的整个生命周期均涉及温室气体的排放。种子、化肥、农药等农资的生产，耕作、灌溉、施肥、收获等机械的作业，以及土壤内部的生理生化反应，这些环节都不同程度地增加了碳排放。目前有关小麦食物系统碳足迹的研究多集中在小麦生产阶段，主要核算了农资生产、机械作业及农田 N_2O 直接排放的碳足迹，而农田氮素由于挥发、沉降、淋溶和径流损失引起的 N_2O 间接排放却被忽略，这使得农田 N_2O 的排放量被低估，也增加了小麦生产碳足迹的不确定性。因此，本报告主要采用生命周期评价法（LCA）对我国 2015～2021 年全国及各省份小麦"从摇篮到大门"阶段的碳足迹进行系统评估，利用中国农科院环发所建立的小麦碳足迹计算模型计算小麦生产各阶段的单位面积碳足迹、单位产量碳足迹及碳排放总量，以揭示全国范围内小麦食物系统的碳排放结构。

以 2015～2021 年全国小麦食物系统为研究对象，对我国 15 个小麦主产省份，包括河北、山西、内蒙古、黑龙江、江苏、安徽、山东、河南、湖北、四川、云南、陕西、甘肃、宁夏和新疆，进行小麦食物系统碳足迹的分析，2015～2021 年全国小麦的年平均种植面积为 23968 千公顷，年平均产量达 13249 万吨。全国及各省份小麦的种植面积、单产、总产数据来源于《中国统计年鉴》；小麦生产过程的农资投入数据，包括种子使用量、化肥施用量、农药费、排灌费、水费、燃料动力数据，来源于《全国农产品成本收益资料汇编》；农药、柴油价格来自《中国价格统计年鉴》；全国及各省份用电价格来自国家能源局。

本部分旨在系统核算 2015~2021 年我国 15 个省份小麦生产碳足迹，探明全国及各省份碳排放结构，为我国以节能减碳为目标的小麦食物系统全生命周期管理提供决策依据。研究范围包括确定功能单位和划分系统边界。小麦食物系统碳足迹分析是对产品、工艺或活动在整个生命周期内的所有输入源和输出源进行的量化汇总。该部分将小麦食物系统的系统边界划分为"从摇篮到大门"，包括种子生产、农药生产、氮肥生产、磷肥生产、钾肥生产、灌溉耗电、柴油消耗和农田 N_2O 排放 8 个环节。农资输入部分包括种子、农药、化肥生产所用的能耗，小麦种植阶段需要考虑耕作、播种、施肥、打药、收割等机械作业的柴油消耗及灌溉耗电，稻田 N_2O 排放是综合了氮肥生产的直接排放和农田氮素挥发、沉降、淋溶和径流损失的间接排放的结果。

（二）结果分析

1. 小麦单位产量碳足迹

2015~2021 年我国小麦单位产量碳足迹如图 3-1 所示。从 2015~2021 年的数据来看，中国小麦"从摇篮到大门"的单位产量碳足迹为 0.521±0.034t CO_2e/t，其中 2016 年碳足迹最大（0.577t CO_2e/t）。2021 年较 2015 年小麦单位产量碳足迹减少了 16.1%，较 2020 年碳足迹减少了 8.7%。从构成来看，2015~2021 年氮肥生产的平均单位产量碳足迹为 0.175 t CO_2e/t，氮肥生产是小麦单位产量碳足迹的第一大组成部分，占 31.0%~35.5%。第二大组成部分是农田 N_2O 排放，其平均碳足迹为 0.147t CO_2e/t，占 26.0%～29.8%。灌溉耗电占小麦单位产量碳足迹的 22.8%～27.5%，碳足迹平均值为 0.132t CO_2e/t。种子生产占小麦单位产量碳足迹的 4.60%～5.49%，农药生产占 5.01%～9.95%，而柴油消耗、钾肥生产和磷肥生产的占比不足 1%，农药生产碳足迹减少最为明显，2021 年较 2020 年农药生产的碳足迹减少了 49.7%。

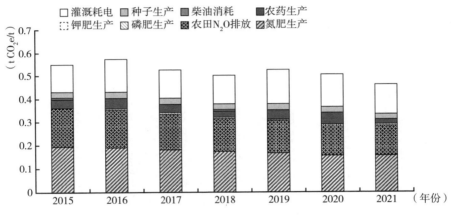

图 3-1　2015～2021 年我国小麦单位产量碳足迹

2. 小麦单位面积碳足迹

2015～2021 年我国小麦单位面积碳足迹如图 3-2 所示。2015～2021 年我国小麦单位面积碳足迹为 2.88±0.13t $CO_2e \cdot hm^{-2}$，其变化趋势与单位产量碳足迹相似。2016 年单位面积碳足迹最大（3.07t $CO_2e \cdot hm^{-2}$），2021 年碳足迹最小（2.69t $CO_2e \cdot hm^{-2}$），2021 年较 2015 年碳足迹减少了 9.6%，较 2020 年碳足迹减少了 7.5%。从各组成部分来看，氮肥生产、农田 N_2O 排放和灌溉耗电是小麦单位面积碳足迹的主要组成部分，2015～2021 年三者的平均碳足迹分别为 0.96t $CO_2e \cdot hm^{-2}$、0.81t $CO_2e \cdot hm^{-2}$ 和 0.73t $CO_2e \cdot hm^{-2}$。与其他年份相比，2021 年农药生产的碳足迹明显降低，较 2020 年减少了 53.5%。农药生产的单位产量碳足迹和单位面积碳足迹的明显降低可能与 2021 年的农药价格有关，根据《全国农产品成本收益资料汇编》的数据，2021 年较 2020 年全国平均每亩地的农药成本增加了 2.56 元，而 2021 年的农药价格要显著高于 2020 年，这可能导致了农药用量的减少，但这种情况并没有影响小麦产量，2021 年的小麦单产较 2020 年增加了 68.6kg·hm^{-2}。

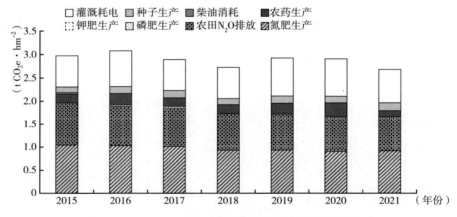

图 3-2　2015~2021 年我国小麦单位面积碳足迹

3. 小麦碳足迹总量

2015~2021 年我国小麦碳足迹总量如图 3-3 所示。2015~2021 年小麦产前的碳排放总量为 69.0±3.41Tg CO_2e，根据粮食作物产后碳排放占 4.9% 的比例进一步估算得出小麦从生产到产后加工、储存、包装和运输的碳排放总量为 72.5±3.59Tg CO_2e，2021 年较 2015 年小麦产前碳排放量减少了 11.8%，较 2020 年减少了 6.8%。由此可见，2015~2021 年，中国小麦生产的碳排放量有所减少，实现小麦生产的碳中和可以优先考虑控制氮肥生产的碳排放、农田 N_2O 排放和灌溉耗电。

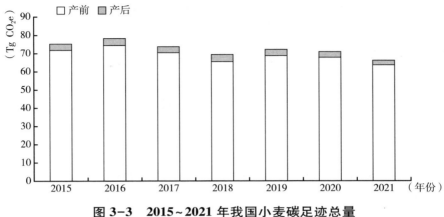

图 3-3　2015～2021 年我国小麦碳足迹总量

（三）结论

2002～2014 年，我国小麦碳足迹平均值为 0.76t CO_2e/t。本报告估算了 2015～2021 年的数据，从结果可以看出，我国小麦"从摇篮到大门"的单位产量碳足迹为 0.521±0.034t CO_2e/t，较之前 15 年下降了 31.45%，而且呈现缓慢下降的趋势。

与世界主要小麦生产国印度（0.33t CO_2e/t）和美国（0.35t CO_2e/t）相比，我国小麦碳足迹平均值偏高，其中 2002～2014 年均值较美国高 117%，而 2015～2021 年的结果有所降低，但仍然较美国高。这种现象有两方面的主要原因，首先，我国较高的氮肥施用量以及不均衡的氮肥生产能源结构造成氮肥施用和生产碳足迹大；其次，我国灌溉技术有待提高、节水灌溉面积小、灌溉水利用系数低，美国小麦种植区降水充足而我国干旱问题严重等原因造成我国灌溉耗电远远高于美国。本报告发现的小麦碳足迹下降趋势（2015～2021 年），主要得益于 2015 开始的化肥用量零增长行动及灌溉技术的提升。

小麦生产碳足迹很大程度上仍取决于施氮量，而且在优化氮素管理后还将有较大的减排空间。可见，综合看来，要降低我国小麦碳排放强度和碳足迹，需要继续推广测土配方施肥、配施有机肥，施行免耕，推广节水灌溉技术，以及降低化肥生产过程中的能耗。

三　苹果碳足迹核算

苹果是我国主要水果之一，它含有丰富的糖、维生素 C、膳食纤维和矿质元素等营养物质，深受人们喜爱。我国是最大的苹果种植国和消费国，种植产量和种植面积超过全球的 50%。随着生活质量的提高，人们越来越注重饮食营养均衡，对苹果的需求也不断增加。根据《中国农村统计年鉴》数据，我国苹果种植面积与产量呈快速增加趋势。2021 年苹果产量为 4597 万吨，与 2002 年苹果产量相比，2021 年苹果产量增加 2 倍以上。苹果产区多分布在丘陵地区，如陕西省，其土壤有机质含量低，土壤保水保肥能力差，仅通过增施化肥提高产量，不仅会影响苹果产量和品质，也会因施肥量的增加而促进温室气体排放。因此，在苹果产量不断增加的条件下，科学合理种植苹果对于苹果产业可持续发展至关重要。

与农田相比，果树是一种特殊的生态系统，具有碳源和碳汇的双重功能。一方面，果树能够通过自身光合作用固定大气中的二氧化碳；另一方面，传统的农田管理措施会促进温室气体的排放，如施肥等。科学评估苹果产业产生的温室气体排放对于促进低碳农业发展至关重要。苹果产业绿色低碳发展有助于增加农民收入，促进乡村振兴，实现农业绿色可持续发展。

（一）研究区域与数据

1. 研究区域

本报告选取中国主要苹果种植省份进行碳足迹核算，包括河北、河南、山东、山西、陕西、甘肃、辽宁和北京 8 个省市。陕西省是我国苹果最大种植省份，种植产量为 1242 万吨，种植面积为 621 千公顷。山东省是我国苹果第二大种植省份，种植产量为 977 万吨，种植面积为 243 千公顷。甘肃省和山西省是我国苹果第三、第四大种植省份。

2. 系统边界与数据清单

本部分采用"从摇篮到农场大门"生命周期评估方法，核算中国苹果田间种植环节碳排放。系统边界包括上游农业投入生产和田间种植碳排放。上游农业投入生产即农业投入品的上游生产，如化肥、农药、薄膜、灌溉用电和农用柴油。田间种植碳排放包括化肥田间施用直接和间接排放。此外，该系统考虑了果树固碳作用，但未考虑土壤固碳作用。

中国各省份苹果种植面积和种植产量数据来源于《中国农村统计年鉴》；苹果种植环节的数据（包括化肥施用量、农药、灌溉用电、农用柴油）来源于《全国农产品成本收益资料汇编》。本报告中碳排放核算方法采用了"从摇篮到农场大门"的核算方法，仅核算了种植环节的碳排放。

（二）结果分析

1. 苹果碳足迹构成

苹果种植过程中的主要农资投入包括化肥、农药、机械使用、灌溉和农膜，其中化肥生产与施用两个阶段都会产生碳排放。2021 年苹果种植各投入环节碳排放构成如图 3-4 所示。首先，化肥生产端与化肥田间施用碳排放为 3.86t $CO_2e \cdot ha^{-1}$，占苹果种植环节碳排放的 59%；其次，灌溉环节碳排放为 1.80t $CO_2e \cdot ha^{-1}$，占苹果种植环节碳排放的 28%。由此可见，亟须加快果园农业绿色低碳发展，采取科学的田间管理措施，如根据苹果养分需求及土壤特性进行科学施肥，根据 4R 原则进行科学施肥，即正确的肥料种类、正确的肥料用量、正确的施肥时间、正确的施肥位置，改变传统撒施等施肥方式，精准施肥；增施有机肥，鼓励农户利用农家肥、商品有机肥替代化肥，减少农用化肥施用；种植果园绿肥，覆盖土壤，培肥地力。改变传统大水漫灌方式，采用喷灌、滴灌、水肥一体化的方式精准灌溉。因此，精准施肥和精准灌溉是实现苹果产业绿色低碳发展的关键。

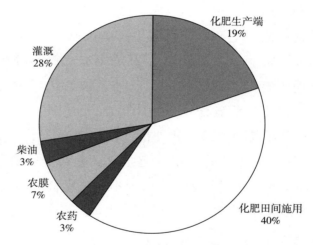

图 3-4 2021 年苹果种植各投入环节碳排放构成

2. 苹果单位产量碳排放

2021 年中国部分省份苹果单位产量碳排放强度如图 3-5 所示。各个省份苹果单位产量碳排放强度存在一定差异，这主要是由于各省份苹果种植面积与农田管理措施存在不同。中国苹果平均单位产量碳排放强度为 0.13kg CO_2e/kg。其中，北京、山西、陕西和甘肃单位产量碳排放强度高于全国平均值，分别为 0.26kg CO_2e/kg、0.18kg CO_2e/kg、0.16kg CO_2e/kg、0.16kg CO_2e/kg；而其他省份单位产量碳排放强度低于全国平均值。河北省苹果单位产量碳排放强度

为 0.12kg CO_2e/kg；辽宁、山东、河南苹果单位产量碳排放强度分别
为 0.08kg CO_2e/kg、0.08kg CO_2e/kg、0.06kg CO_2e/kg。

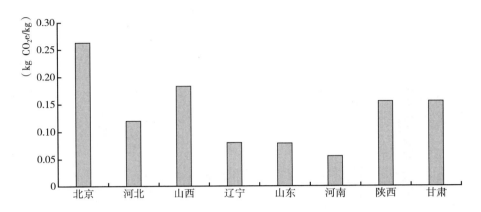

图 3-5　2021 年中国部分省份苹果单位产量碳排放强度

从全球来看，新西兰苹果单位产量碳排放强度为 0.18kg CO_2e/kg；
意大利苹果单位产量碳排放强度为 0.20kg CO_2e/kg；法国苹果单位产
量碳排放强度为 0.21kg CO_2e/kg；英国苹果单位产量碳排放强度为
0.27kg CO_2e/kg；美国苹果单位产量碳排放强度为 0.36kg CO_2e/kg。
中国苹果平均单位产量碳排放强度低于上述国家苹果单位产量碳排放
值，但部分省份苹果单位产量碳排放值高于上述国家单位产量碳排放
值。数据综合表明，中国苹果产业低碳发展水平位于世界前列，不同
省份应因地制宜探索苹果产业低碳发展之路，未来仍需要技术创新，
促进果业低碳发展。

3. 苹果单位面积碳排放

2021 年中国部分省份苹果单位面积碳排放强度如图 3-6 所示。各
个省份苹果单位面积碳排放强度存在一定差异。中国苹果平均单位面
积碳排放强度为 3.32t $CO_2e \cdot ha^{-1}$。山西、陕西、北京、河北、甘肃苹
果单位面积碳排放强度高于全国平均值，分别为 5.01t $CO_2e \cdot ha^{-1}$、

4.49t CO_2e·ha^{-1}、4.42t CO_2e·ha^{-1}、4.10t CO_2e·ha^{-1}、3.92t CO_2e·ha^{-1}；山东、河南、辽宁苹果单位面积碳排放强度低于全国平均值，分别为 3.04t CO_2e·ha^{-1}、1.99t CO_2e·ha^{-1}、1.51t CO_2e·ha^{-1}。

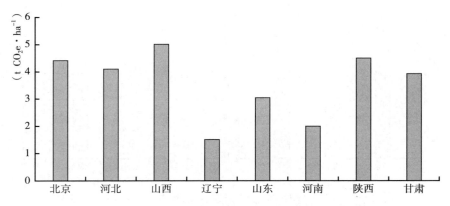

图 3-6　2021 年中国部分省份苹果单位面积碳排放强度

4. 苹果碳排放总量

2021 年中国苹果碳排放总量为 12.88Mt CO_2e，2002~2021 年中国苹果碳排放总量如图 3-7 所示。2002~2009 年碳排放总量呈现增加趋势，2009~2011 年呈现下降趋势，2011~2014 年呈现增长趋势，2014 年苹果碳排放总量达到最大值，为 23.36Mt CO_2e，2015~2021 年总体呈现下降趋势。2015~2021 年苹果碳排放总量下降，这得益于《到 2020 年化肥使用量零增长行动方案》《到 2020 年农药使用量零增长行动方案》的提出与推行。

（三）结论

综合来看，我国 2021 年苹果总碳排放为 12.88Mt CO_2e。各省份碳排放呈现明显差异性。我国苹果平均单位产量碳排放强度为 0.13kg CO_2e/kg。我国苹果平均单位面积碳排放强度为 3.32t CO_2e·ha^{-1}。

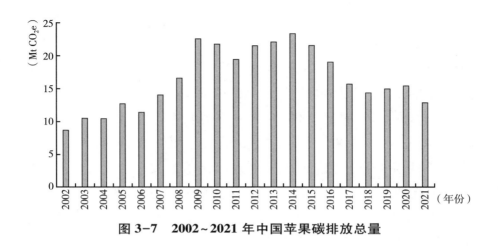

图 3-7 2002~2021 年中国苹果碳排放总量

其中，山西、陕西、北京、河北和甘肃苹果单位面积碳排放强度较高，是未来减排的重点关注区域。化肥和灌溉是我国苹果种植环节主要碳排放源。减少化肥和灌溉产生的碳排放是促进苹果产业绿色低碳可持续发展的关键。在苹果种植过程中，应始终贯彻《到 2025 年化肥减量化行动方案》《到 2025 年化学农药减量化行动方案》，因地制宜构建苹果低碳发展之路。

四 绿茶碳足迹核算

茶树为山茶科山茶属，多年生常绿木本植物，落叶灌木或乔木，是我国主要的经济作物之一。经过加工后的茶叶是世界最受欢迎的饮品之一。2020 年我国茶叶产量为 293 万吨，约占全球茶叶产量的 40% 以上，而茶树的种植面积占全球的 63% 左右（Liang 等，2022）。茶叶通常分为六大类：绿茶、黄茶、白茶、乌龙茶、黑茶和红茶。其中，绿茶是我国产量最大且主要出口的茶叶类型。据统计，2021 年我国绿茶产量占全国茶叶产量的 67%（国家统计局农村社会经济调查司，2022），出口量占总出口量的81.43%（潘蓉等，2022）。茶产业在我国具有较大的政策扶持力度，在我国很多地区被作为农业精准扶贫的主导产业（梅宇，2021）。从2000年到2021年，我国茶园面积从1089千公顷扩张到3104.8千公顷，增加了1.85倍；而绿茶产量从2000年的48.8万吨增长到2021年的217.4万吨，增长了3.45倍。然而，随着我国茶园面积的快速扩张，一些环境问题开始凸显。例如，氮肥的过量使用造成土壤酸化加重，农药的过度使用导致茶叶农药残留超标等问题（郭家刚，2016）。尽管已有大量研究对我国茶园环境保护进行了研究，然而这些投入品的过量使用导致的茶叶生产碳排放问题却很少被关注。随着发达国家对产品碳标签的推行和更多消费者绿色低碳消费意识的提升，产品碳排放的披露越来越重要。我国发布的《中共中央　国务院关于完整准确全面贯彻新发展理念做好碳达峰碳中和工作的意见》明确提出，要加快绿色生产和生活方式的形成，扩大绿色低碳产品的供应和消费，倡导绿色低碳生活方式。此外还明确了要加快推进农业绿色发展，促进农业固碳增效。2022年国家发展和改革委员会等部门出台了《促进绿色消费实施方案》和《关于加快建立统一规范的碳排放统计核算体系实施方案》，并进一步提出了推行碳标签等具体措施的要求。因此，本报告基于LCA构建我国绿茶全生命周期碳足迹核算框架，建立我国绿茶生命周期中各阶段主要碳排放源的数据清单，核算我国各省份的绿茶全生命周期碳足迹，分析我国绿茶碳足迹的构成及省域差异。

（一）研究区域与数据

1. 研究区域

《中国农村统计年鉴2020》（国家统计局农村社会经济调查司，2020）确定了2019年我国16个省级行政区的主要绿茶种植区域，该区域绿茶总产量占我国绿茶总产量的 99.87%。由于数据缺失，海南和台湾两省未被纳入本报告。本报告的茶叶产区包括浙江、江苏、福建、山东、广东、湖北、湖南、河南、安徽、江西、贵州、云南、四川、重庆、陕西和广西（陈宗懋，2019）。

2. 系统边界与数据清单

（1）种植阶段

农业种植中的化肥、农药、农机、翻耕、灌溉等生产过程都会产生碳排放。在本报告中，种植阶段碳排放源主要包括化肥、有机肥和机器修剪（见图 3-8）。茶树作为多年生叶用经济作物，生长和采摘造成的氮素损失需要通过额外的氮素补充，因此施肥是茶园栽培管理必不可少的管理措施。施肥产生的碳排放来自两部分，一部分是化肥产品（氮、磷、钾、复合肥）上游生产端的碳排放，另一部分是无机氮肥和有机肥的使用引起的土壤 N_2O 直接排放，以及氮素挥发、沉降和淋溶径流产生的 N_2O 间接排放。由于受全国数据获取的限制，本报告中化肥的种类区分为氮肥、磷肥、钾肥和有机肥。研究表明，我国茶园使用的 77% 的有机肥以饼肥和农家肥为主（倪康等，2019），因此有机肥的上游端排放未纳入计算范围。

修剪是茶树栽培管理中一项重要的抚育措施，能够帮助茶树实现对不定芽和新枝条的合理调控和生长，对于茶树整体的发展具有良好的调控作用，有利于形成高产量、高品质和高效益的茶叶生产模式。因此，本报告主要考虑修剪机使用所产生的温室气体排放。修剪期一般选择茶树的休眠期，多在冬季，所以本报告按照每年修剪一次的频率进行计算。此外，修剪的机器设备种类及规格繁多，一般可分为双人修剪机和单人修剪机。考虑到我国茶树多种植在高山丘陵地带，地势陡峭，单人油动修剪机便于在陡坡操作且综合效率高（陈浪等，2020；邓佳等，2021），最终修剪机的类型选择单人油动修剪机，其

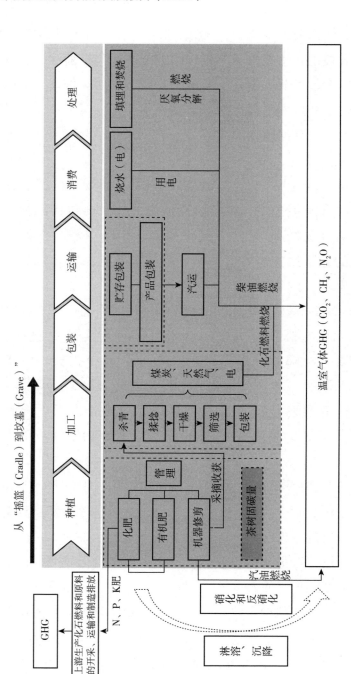

图 3-8 绿茶产业温室气体排放系统边界

规格效率参照邓佳等（2021）的研究进行计算，各省的修剪机数量通过吉莉（2016）的研究获取。

一些茶园可能会进行灌溉和农药的使用。然而，由于茶树偏好潮湿的环境而不喜欢干燥，我国大部分茶树生长在丘陵山地，这些地区的降水充沛、温度适宜（唐俊贤等，2021），所以茶园很少进行灌溉。因此，在本报告中不考虑灌溉的影响。农药方面，鉴于数据农药种类的多样，且无法获取各省份的农药的活动数据，同时也有茶园不使用农药的情况。因此，在本报告的全国尺度下，在无法获取农药活动数据的前提下，未考虑农药投入所产生的排放。种植阶段各省份主要物料活动数据如表3-6所示。

表3-6　种植阶段各省份主要物料活动数据

省份	采摘面积（10^3ha）	化肥用量（kg/ha）			有机肥用量（kg/ha）			修剪机占比（%）	修剪机油耗量（10^3t）
		N	P_2O_5	K_2O	N	P_2O_5	K_2O		
江苏	30.3	393	185	192	96	57	50	27	17.79
浙江	182.7	410	93	110	467	27	27	27	108.09
安徽	165.6	362	73	75	43	28	29	52	186.28
江西	85.2	604	176	198	13	9	11	5	8.29
湖北	264.8	708	112	112	37	21	24	34	192.57
湖南	131.3	606	164	135	68	40	45	5	13.63
山东	18.2	536	203	233	190	282	728	15	5.95
河南	94.4	269	47	98	56	25	21	12	24.25
陕西	102.6	247	23	43	105	71	82	6	14.29
广东	57.8	353	105	105	255	58	59	16	19.80
广西	67.4	330	143	66	104	56	32	4	6.19
福建	203.3	266	186	21	25	20	193	50	221.74
云南	416.5	368	76	68	13	10	12	6	51.07

续表

省份	采摘面积 (10³ ha)	化肥用量（kg/ha）			有机肥用量（kg/ha）			修剪机占比 (%)	修剪机油耗量（10³ t）
		N	P_2O_5	K_2O	N	P_2O_5	K_2O		
贵州	312.7	413	159	168	60	38	40	2	15.15
四川	305.9	573	107	105	54	40	49	17	111.26
重庆	32.9	235	59	51	46	33	25	9	6.40

注：采摘面积数据来自《中国农村统计年鉴 2020》（国家统计局农村社会经济调查司，2020）；化肥有机肥数据来源于国家茶产业技术体系 31 个试验站的调查统计数据，以及相关文献（倪康等，2019；Liang 等，2021）；修剪机总耗油量参考前人研究计算而得（陈浪等，2020；吉莉，2016），使用各省份每公顷修剪机台数表示各省份的修剪机占比，修剪机以单人修剪机 PST75 型号为代表计算而得，能源类型为汽油，工作效率为 $667 m^2/h$，油箱容积为 0.6L，通过计算平均油耗为 192.31ml/h。

（2）加工阶段

我国绿茶加工工艺步骤主要包括杀青、揉捻、干燥和筛选四部分。到 2000 年，我国大宗茶和大部分名优茶的加工已基本实现机械化（甘宁等，2018）。鉴于不同地区有不同的绿茶加工工艺，本报告中绿茶加工阶段的排放主要根据能源投入进行计算。现有研究表明，在绿茶的加工阶段中，能源类型主要以燃煤和木柴为主（李反修，2019；张强等，2018）。随着行业内对茶叶清洁生产要求的提出，不少茶厂开始以电制茶或以天然气制茶，以减少燃煤、木柴产生的粉尘和煤烟（汤晓美，2014）。有学者调研发现，大多数茶厂的能源配置主要以煤炭和电或电和天然气为主（姚久梅等，2018；曾宪忠等，2018）。最终，本报告将加工阶段使用到的能源确定为煤炭、电和天然气，并将其分为两条生产线，分别为生产线 I（天然气和电）和生产线 II（煤炭和天然气），通过加权平均得到各省份绿茶加工阶段碳排放量（成洲和廖茜，2016）。加工 1kg 绿茶燃料消耗如表 3-7 所示。

表 3-7　加工 1kg 绿茶燃料消耗

生产线	燃煤(kg/kW·h)	耗电(kW·h)	天然气(m³)
I		1.12	0.92
II	1.68		0.96

（3）包装阶段

茶叶整个生命周期可能会存在多次包装，考虑到数据获取的可行性和生产中使用的包装种类，将其主要分为贮存包装和产品包装。根据产品标准要求，茶叶贮存应符合国标《中华人民共和国国家标准：茶叶贮存》（GB/T 30375-2013）的规定，规定中指出茶叶贮存包装应选用气密性良好且符合食品卫生要求的塑料袋（塑料编织袋）或相应复合袋等。因此本报告将贮存包装确定为塑料编织袋，每袋容量常见为50kg。相较于贮存包装，产品包装组合种类繁多，但鉴于市场上用作茶叶包装的材料和包装形式大体一致，因此，本报告参考Xu 等（2019）的研究中绿茶产品包装的碳排放量。

（4）运输阶段

运输阶段交通工具产生的能耗会产生碳排放。根据能源基金会发布的《中国交通节能减排相关数据和重点标准法规概览》，我国76.8%的货物运输车辆为柴油车。因此，本报告选择柴油货车作为运输阶段的主要运输工具。考虑到货车类型的多样性，本报告将通过车辆行驶里程和平均油耗的计算来确定燃料消耗的总量。根据能源基金会发布的《货运行业初步研究报告》，目前我国农林牧渔业产品运输中，6.8米车型（载重10t）是主要车型。鉴于我国茶叶出口比例仅占茶叶总产量的10%左右（许咏梅和芦炜杰，2019），本报告仅考虑国内运输距离，并根据平均运输距离计算各省份的年运输距离（见表3-8）。

表 3-8　运输阶段数据清单

省份	平均运输距离（km）	平均油耗（kg/100km）	载重（t）
江苏	686		
浙江	946		
安徽	583		
江西	849		
湖北	690		
湖南	628		
山东	487		
河南	810		
陕西	791	19.488	10
广东	667		
广西	779		
福建	990		
云南	1193		
贵州	471		
四川	684		
重庆	512		

注：各省份平均运输距离和运输吨位设定来自《货运行业初步研究报告》；平均油耗来自《中国交通节能减排相关数据和重点标准法规概览》，油耗进行单位换算，柴油密度取值为 0.84kg/L。

（5）消费阶段

我国茶叶主要以热饮方式饮用，因此消费阶段的碳排放主要指消费者在烧水泡茶时所产生的碳排放。热水的能源类型通常包括电能、燃气、燃煤和木柴等。由于我国国土辽阔，各地经济发展水平、气候条件和生活习惯不同，在能源的选择上可能存在一定差异。据相关报道，我国大多数地区热水方式主要依赖于电能。而我国的电力主要来自燃煤发电。据中电联（2019）报道，2018年燃煤发电量占全国总发电量的64%。因此消费阶段碳排放考虑的是用电上游端所产生的碳排放。另外，热水的工具有较多选择，据报道，我国饮水机具有较高的普及率，因此本报告选取饮水机作为热水工具。在茶叶单次用量方面，相关研究表明我国平均每次泡茶茶叶用量为每人3到5克，用水量约为4.54杯（管曦等，2018）。此外，泡茶的过程中还会涉及茶具的使用。鉴于茶具多为循环使用用品（如陶瓷、玻璃茶杯等），因此消费阶段的碳排放未包括茶具。消费阶段的活动数据如表3-9所示。

表3-9　消费阶段的活动数据

消费清单	数值
泡茶用量（g）	4
热水用量（ml）	800
烧水用电量（kW·h）	0.07

注：烧水用电量来自文献（熊律和钟睿杰，2020）；排放因子使用全国平均电网排放因子。

（6）处理阶段

处理阶段的碳排放主要是指饮用后的茶渣作为垃圾被垃圾场处理产生的碳排放。根据垃圾分类，茶渣归为厨余垃圾。我国生活垃圾具有多种处理方式，包括填埋、焚烧、堆肥等，但填埋和焚烧是我国主要处理方式。2019年我国垃圾处理总量中填埋处理和焚烧处理量的比重约为45.59%和50.47%（国家统计局农村社会经济调查司，2020）。因此，本报告在处理阶段主要考虑填埋和焚烧处理，其处理占比根据统计年鉴折算得到，分别为45%和55%。

（7）排放因子清单

通过上述内容确定各阶段排放源的相关排放因子（见表3-10和表3-11）。

表 3-10 各阶段主要投入品排放因子

阶段	排放源	排放因子	来源
种植	氮肥	7.759t $CO_2e/(tN)$	（陈舜等，2015）
	磷肥	2.332t $CO_2e/(tP_2O_5)$	
	钾肥	0.660t $CO_2e/(tK_2O)$	
	EF_d	1.92%	（姚志生等，2020）
	汽油	0.0679 CO_2e/GJ	
加工	煤炭	0.094 CO_2e/GJ	（He 等，2023）
	天然气	0.056 CO_2e/GJ	
	电	见表 3-11	
包装	塑料编织袋	0.637kg $CO_2e/$个	（Xu 等，2019）
	成品包装	2.30kg CO_2e/kg	（Xu 等，2019）
运输	柴油	0.0725t CO_2e/GJ	（He 等，2023）
消费	电	见表 3-11	（中华人民共和国生态环境部，2021）
处理	填埋	0.89kg CO_2e/kg	（He 等，2023）
	焚烧	0.11kg CO_2e/kg	

表 3-11 中国区域电网平均 CO_2 排放因子

区 域	电网平均排放因子(tCO_2e/MWh)
华北区域电网(山东)	0.8843
华东区域电网(江苏、浙江、安徽、福建)	0.7035
华中区域电网(河南、湖北、湖南、江西、四川、重庆)	0.5257
西北区域电网(陕西)	0.6671
南方区域电网(广东、广西、云南、贵州)	0.5271
全国电网	0.5839

注：全国电网排放因子值来自《企业温室气体排放核算方法与报告指南发电设施（2021 年修订版）》征求意见稿（中华人民共和国生态环境部，2021）。

（二）结果分析

1. 绿茶碳足迹及其构成

我国绿茶各阶段排放占比及种植阶段碳排放构成如图 3-9 所示。2019 年，我国绿茶全生命周期（从摇篮到坟墓）的碳排放总量为 43.40Mt CO_2e。在绿茶的整个生命周期中，消费阶段的碳排放占比最高，为 43.50%（18.88Mt CO_2e），种植阶段碳排放占比为 30.12%（13.07Mt CO_2e），加工阶段的碳排放占比为 14.33%（6.22Mt CO_2e），包装阶段碳排放占比为 9.85%（4.27Mt CO_2e），处理阶段的碳排放占比为 1.96%（0.85Mt CO_2e），运输阶段的碳排放占比最小，为 0.25%（0.11Mt CO_2e）。种植阶段碳排放构成中，化肥产品的投入是种植阶段主要碳排放源，其氮肥施用、有机肥施用和上游生产端产生的碳排放占种植阶段总碳排放的 84.35%，其中化肥的上游生产端产生的碳排放贡献了种植阶段 38.67% 的碳排放。氮肥和有机肥施用产

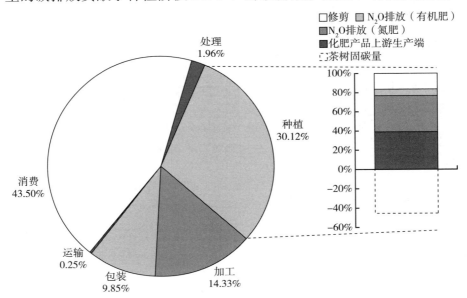

图 3-9 我国绿茶各阶段排放占比及种植阶段碳排放构成

生的 N$_2$O 排放贡献了种植阶段 45.68% 的碳排放，其中氮肥施用产生的 N$_2$O 贡献了 38.83% 的碳排放。修剪产生的碳排放占种植阶段碳排放的 15.66%。此外，茶树固碳抵消了种植阶段 45.43% 的碳排放。

核算结果显示，我国绿茶单位产品碳排放量（PCF）平均值为 23.39kg CO$_2$e/kg。江苏省的单位产品碳排放量最高，为 32.58 kg CO$_2$e/kg，比第二名的湖北省高 16.11%，是重庆的 1.93 倍，这表明各省份间存在较大的排放差异（见图 3-10）。从各省份 PCF 的各阶段排放占比来看，江苏 PCF 中种植阶段排放占比最大（49.18%），重庆种植阶段占比最小（2.92%）。大多数省份消费阶段的碳排放占比大于种植阶段，但江苏、湖北和江西的种植阶段碳排放占比高于消费阶段（见图 3-11）。

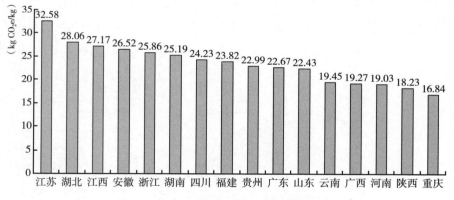

图 3-10 全生命周期单位产品碳排放量

2. 绿茶碳排放空间特征

2019 年我国主要绿茶产地碳排放总量如图 3-12 所示。碳排放总量最高的三个省份分别是湖北、四川、云南，这三个省份的碳排放总量分别为 6.77Mt CO$_2$e、6.54Mt CO$_2$e、6.00Mt CO$_2$e，共占全国排放总量的 44.49%。而碳排放总量最低的三个省份分别是江苏、山东、重庆，这三个省份的碳排放总量分别为 0.35Mt CO$_2$e、

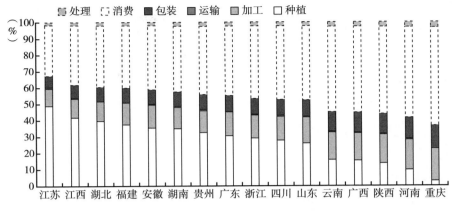

图 3-11 各地区各阶段碳排放构成

$0.56Mt\ CO_2e$、$0.66Mt\ CO_2e$，占全国碳排放总量的 3.61%。此外，有一半的省份碳排放总量低于 $1.96Mt\ CO_2e$。

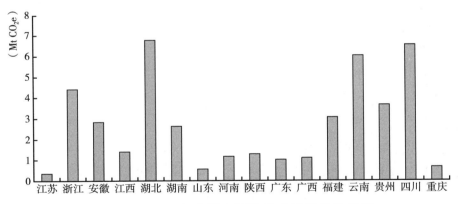

图 3-12 2019 年我国主要绿茶产地碳排放总量

种植阶段碳排放空间分布结果表明，不同省份之间单位产量和单位面积净排放量差异明显（分别见图 3-13 和图 3-14）。我国绿茶平均单位产量和单位面积净排放量分别为 $6.96kg\ CO_2e/kg$ 和 $5.06t\ CO_2e\cdot ha^{-1}$。江苏省单位产量净排放最高，为$16.02kg\ CO_2e/kg$，比排放第二高的湖北省（$11.68kg\ CO_2e/kg$）高出 37.16%。湖北省的单位面积净排放最高，为 10.64t $CO_2e \cdot ha^{-1}$，浙江单位面积净排放也表现出较高的排放水平，为 8.69t $CO_2e \cdot ha^{-1}$。重庆在种植阶段单位产量和单位面积净排放最小，分别为 0.49kg CO_2e/kg 和 0.59t $CO_2e/ \cdot ha^{-1}$。另外，陕西和河南的单位产量和单位面积净排放都表现出较低水平。

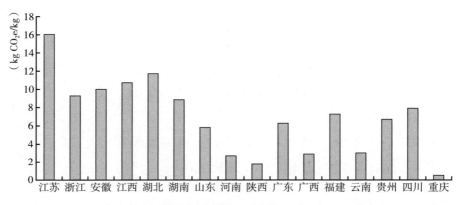

图 3-13　2019 年我国主要绿茶产地种植阶段单位产量净排放量

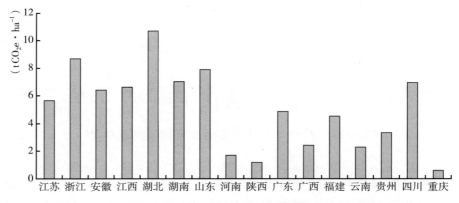

图 3-14　2019 年我国主要绿茶产地种植阶段单位面积净排放量

（三）结论

首先，2019 年我国绿茶产品整个生命周期的碳排放总量为 43.40Mt CO_2e。在绿茶的整个生命周期中，消费、种植和加工环节是主要的排放阶段，这三个环节的碳排放量分别占碳排放总量的 43.50%、30.12%、14.33%。种植阶段中，化肥上游生产端和田间施用产生的温室气体碳排放共占种植阶段总碳排放的 84.35%。此外，茶树固碳抵消了种植阶段 45.43% 的碳排放量。

其次，我国绿茶单位产品碳排放（PCF）为 23.39kg CO_2e/kg，各省份间 PCF 存在较大差异。PCF 排放水平较高的地区包括江苏、湖北、江西和安徽等，其中江苏省的单位产品碳排放量最高，为 32.58kg CO_2e/kg，比第二名的湖北省高出 16.11%，是排放最低省份——重庆的 1.93 倍。从各阶段来看，大多数省份排放最大的阶段集中在消费阶段，但江苏、湖北和江西的种植阶段排放高于消费阶段。

最后，我国绿茶平均单位产量和单位面积净排放量分别为 6.96kg CO_2e/kg 和 5.06t $CO_2e \cdot ha^{-1}$。各省份绿茶种植阶段碳排放存在明显差异，江苏省单位产量净排放最高，湖北省的单位面积净排放最高。

五　奶牛养殖碳足迹核算

畜禽养殖业是重要的温室气体排放源之一。联合国粮农组织（Food and Agriculture Organization of the United Nations，FAO）的研究报告——《奶业温室气体的生命周期评估》表明，围绕牛奶生产、加工和运输等环节，全球奶业温室气体排放量占人为排放量的 4%。为跟上人口增长的步伐，全球牛奶产量预计将以每年 1.4% 的速度增长。不断增长的牛奶消费带来的奶业温室气体排放增加是畜牧业应对气候变化面临的一项挑战。

中国是世界第三大乳制品生产国。截止到2021年，中国奶牛存栏量为11094.3万头，牛奶生产达3682.7万吨，年存栏量100头以上奶牛的场（户）数有66528个，其中年存栏量1000头以上的奶牛场达到1491个。由于中国对乳制品的需求预计将在未来几十年增加，因此提高乳制品生产链的环境效率对于应对气候变化至关重要（中华人民共和国生态环境部，2019）。要应对这一挑战，需要彻底了解单个农场目前的温室气体排放水平、影响温室气体排放的做法。

动物肠道发酵和废弃物管理过程的温室气体排放及减排研究是国内外关注的热点。但牛奶生产是一个系统工程，其排放除与肠道发酵和粪便管理有关外，还与养殖业化肥生产和田间施用、饲料生产与加工、运输和养殖场运行过程的能源消耗等相关。碳足迹是目前国内外深度分析碳排放过程及定量评价碳排放强度的重要评估方法，通过碳足迹可追溯某一产品在生命周期内直接或间接排放的所有温室气体（Wei等，2018；FAO and GDP，2019；Mazzetto等，2022）。科学评估奶牛养殖业温室气体排放特点与单位乳产品碳足迹，对控制牛奶生产温室气体排放，科学评价不同措施的减排效果，降低乳制品的碳排放强度具有重要的科学和实用意义。

（一）研究区域与数据

1. 研究区域

本报告选取2020~2022年南京某奶牛养殖场作为研究对象，研究通过与农场人员面对面的问卷调研方式收集了该养殖场连续3年的农场数据。调研内容包括养殖场种群结构、产量、饲料投入、粪便处理利用、能源施用等。

2. 碳足迹评估方法

（1）系统边界

奶牛生产中碳足迹的计算包括饲料生产排放、肠道发酵、肥料管理和土地施用过程中直接和间接温室气体（CO_2、CH_4 和 N_2O）排放。本报告的系统边界涵盖了从"摇篮"到"农场大门"的生产过程，包括以下 5 个方面。①饲料生产与加工：氮肥生产过程中 N_2O 的直接和间接排放及其在饲料生产中的后续应用；地膜和杀虫剂生产、饲料生产期间尿素的使用以及机械使用（如耕作、播种和收割）过程化石燃料产生的二氧化碳排放量。②肠道发酵和粪便管理产生的 CH_4 排放量。③粪便管理链（圈舍、粪肥储存和处理）产生的直接和间接 N_2O 排放量。④农场能源生产和消费产生的 CO_2 排放，包括电、煤、汽油。⑤施用粪肥生产饲料产生的 N_2O 直接和间接排放（粪肥离开畜牧场后）；施用粪肥过程中能源消耗产生的 CO_2 排放。

（2）功能单元

本报告选择 1kg 脂肪和蛋白修正奶（Fat and Protein Corrected Milk，FPCM）作为功能单位，按照 FAO 报告中的计算方法，将奶牛场生产的牛奶按照如下公式转换为质量分数分别为 4% 脂肪和 3.3% 蛋白质的标准奶，计算公式见公式（1）：

$$M_{FPCM} = M_{RM} \times (0.337 + 0.116 \times M_{RM,F} + 0.06 \times M_{RM,P}) \tag{1}$$

其中，

M_{FPCM}：按脂肪和蛋白质纠正后的标准奶年产量，吨/年；

M_{RM}：原奶年产量，吨/年；

$M_{RM,F}$：原奶脂肪含量,%；

$M_{RM,P}$：原奶蛋白质含量,%。

（3）分配方法

奶牛养殖系统产出有牛肉和牛奶，系统的温室气体排放量应按一定的比例分配给牛肉和牛奶。计算公式见公式（2）：

$$AF_p = \frac{M_{RM} \cdot M_{RM,x} \cdot 1000}{M_{RM} \cdot M_{RM,x} + (N_{bull} \cdot AW_{bull} \cdot PM_{bull} + N_{cow} \cdot AW_{cow} \cdot PM_{cow}) \cdot M_{Beef,x}}$$

（2）

其中，

AF_p：按牛奶对整个系统生产的蛋白质贡献率所取的分配系数，%；

$M_{RM,x}$：原奶蛋白含量，g/100g；

N_{bull}：公犊牛数量，头；

N_{cow}：淘汰泌乳牛数量，头；

AW_{bull}：公犊牛平均体重，kg/头；

AW_{cow}：淘汰泌乳牛平均体重，kg/头；

PM_{bull}：公犊牛净肉率，%；

PM_{cow}：淘汰泌乳奶牛的净肉率，%；

$M_{beef,x}$：牛肉的蛋白质质量分数，%。

规模化奶牛场的饲料配方里面有诸如豆粕、棉粕、菜粕和麸皮等农产品加工后的副产品，以豆粕为例，豆粕是大豆加工的副产品，大豆种植和加工过程的能耗带来的温室气体排放量不能全部算作豆粕的排放量，而应根据排放量分配系数分配给豆粕和豆油。本报告建议采用质量分配的方法。根据分配原则，分配系数按公式（3）计算。

$$AF_{feedi} = \frac{D_i \cdot P_i}{D_i \cdot P_i + (1 - D_i) \cdot P_{ci}}$$

（3）

其中，

AF_{feedi}：饲料组分 i 的排放量分配系数，%；

D_i：谷物 i 加工的副产品产出率，%；

P_i：作物 i 副产品的蛋白质含量（g/100g），或能量价值

（kcal/100g），或质量分数（%），或价值（元/t）；

P_{ci}：加工作物 i 主要产品蛋白质含量，（g/100g），或能量价值（kcal/100g），或质量分数（%），或价值（元/t）。

（4）碳足迹计算

规模化奶牛场牛奶生产系统排放总量为饲料种植生产分配后的温室气体排放总量与肠道发酵甲烷排放、粪便管理和粪便田间施用温室气体排放、奶牛场能源消耗带来的温室气体排放量之和分配后除以奶牛场标准奶年总产量，计算公式见公式（4）：

$$CF_{milk} = \frac{G_{feed} \times AF_{feedi} + G_{enteric} + G_{manure} + G_{land} + G_{energy}}{M_{FPCM}} \times AF_p \quad (4)$$

其中，

CF_{milk}：奶牛场牛奶生产碳足迹，kg CO_2e/kg FPCM；

G_{feed}：饲料作物种植环节带来的温室气体排放量，t CO_2e；

AF_{feedi}：饲料主副产品分配系数；

$G_{enteric}$：肠道发酵温室气体排放量，t CO_2e；

G_{manure}：粪便管理温室气体排放量，t CO_2e；

G_{land}：粪便田间施用温室气体排放量，t CO_2e；

G_{energy}：奶牛场能源消耗带来的温室气体排放量，t CO_2e；

M_{FPCM}：奶牛场年产标准奶总量，t FPCM；

AF_p：系统温室气体分配系数。

（5）减排情景描述

本报告共设计 5 个减排情景，具体情景描述如下。

情景 1（S1）——种群管理：提高成母牛比例到 55%。

情景 2（S2）——饲料优化：通过调节日粮配方，将精饲料与粗饲料之比低于 1.5 的调整到 1.5，同时降低饲料转化（饲料干物质投入量/产量）到 1.0。

情景3（S3）——优化粪便管理：降低排放量高的粪便处理方式比例，包括减少粪便自然堆放和运动场自然风干、减少氧化塘贮存和增加还田利用。

情景4（S4）——养殖场能源节约：根据《全国农产品成本收益资料汇编》不同规模养殖场的能源消费费用和电费单价计算出该养殖场的能源投入量，将其作为养殖场节约后的能源投入量。

情景5（S5）——综合情景：结合情景1、情景2、情景3和情景4形成综合情景。

（二）结果分析

1. 2020~2022年养殖场管理措施变化

2020~2022年养殖场生产管理现状比较如表3-12所示。3年来养殖场牛奶单产持续增加，每头成母牛单产从2020年的8.8吨/年增加到2022年的10.2吨/年，增加了16%。饲料精粗比从2020年的95.0%增加到2022年的130.8%。2022年饲料粗蛋白含量较2020年略有增加，增加了3.5%。饲料粗蛋白的增加主要来自犊牛、后备牛和干奶牛。种群氮利用效率在3年间几乎没有变化，产奶量的增加主要来自饲料蛋白投入的增加。

表3-12　2020~2022年养殖场生产管理现状比较

项　目	单位	2020年	2021年	2022年
养殖生产				
奶牛饲养总头数	头/年	2965	3155	3092
犊牛（0~6月）	头/年	530	466	271
育成牛（7月~初配）	头/年	331	574	477
后备牛（初配~分娩）	头/年	623	611	682
泌乳牛	头/年	1396	1258	1416
干奶牛	头/年	85	246	246

续表

项　　目	单位	2020 年	2021 年	2022 年
公牛犊	头/年	427	550	522
淘汰母牛	头/年	364	357	476
总产奶量	吨/年	13208	13870	16913
标准奶（计算）	吨/年	13026	13615	16435
单产（计算）	吨/年	8.8	9.2	10.2
饲料投入				
粗饲料投入量（计算）	公斤/头/天	16.4	14.3	17.0
精饲料投入量（计算）	公斤/头/天	4.5	7.0	6.2
粗饲料干物质投入（计算）	吨/年	7839.3	7123.4	8099.9
精饲料干物质投入（计算）	吨/年	7449.8	11501.2	10596.6
饲料精粗比（计算）	%	95.0	161.5	130.8
饲料氮投入（计算）	吨/年	352.0	461.2	444.5
饲料粗蛋白含量（计算）	%	14.4	15.5	14.9
饲料利用效率（计算）	%	21.3	17.0	21.7
饲料转化率		1.16	1.34	1.11
粪污管理				
01 草地/牧草地/围场	%	0	0	0
02 直接还田利用	%	0	28	28
03 固体自然堆放	%	9	9	9
04 运动场自然风干	%	0	4	4
05 堆肥（密封槽）	%	0	0	0
06 堆肥（静态堆置）	%	0	0	6
07 堆肥（集约型条垛）	%	0	0	0
08 堆肥（被动条垛）	%	0	0	0
09 垫草垫料/发酵床	%	21	6	0
10 好氧处理	%	0	0	0
11 氧化塘	%	69	29	29
12 沼气工程	%	0	0	0
13 舍外贮存	%	0	0	0
14 舍内粪坑贮存	%	0	24	24

粪便管理方式也发生了很大变化。随着国家对种养结合方式的支持力度不断加大，直接还田利用的比例明显提高，从 2020 年的无还田利用提高到 2022 年的 28%。粪便垫料处理方式明显减少。对于液体粪便而言，经氧化塘处理的粪便比例从 2020 年的 69% 降低到 2022 年的 29%。但是，舍内粪坑贮存的比例提高，从 2020 年的无舍内粪坑贮存提高到了 24%。粪便管理方式的变化也造成了养殖场碳足迹的变化。

2. 2022 年养殖场碳足迹

2022 年，奶牛养殖场年温室气体排放量为 38779t CO_2e，温室气体采用质量分配的方法，分配系数为 98.3%，分配后牛奶生产的温室气体排放量为 38130t CO_2e。农场每天碳足迹为 104.5t CO_2e，每头存栏牛的碳足迹为 12.3kg CO_2e，生产每公斤标准奶的碳足迹为 2.32kg CO_2e。

不同养殖阶段和不同类型温室气体贡献比例如图 3-15 所示。饲料种植和加工温室气体排放量为 0.95kg CO_2e/kg FPCM，贡献最大，占 41.0%。其次为肠道发酵，其排放量为 0.61kg CO_2e/kg FPCM，占总碳足迹的 26.2%。粪便管理和粪便还田温室气体排放量为 0.47 kg CO_2e/kg FPCM，占总碳足迹的 20.5%。能源消耗带来的温室气体排放量为 0.21kg CO_2e/kg FPCM（占总碳足迹的 9.0%）。饲料运输带来的温室气体排放量为 0.08kg CO_2e/kg FPCM，仅占总碳足迹的 3.3%。该养殖场各环节温室气体排放占比与全球测算的奶业温室气体排放各环节占比存在差异。全球奶牛养殖温室气体排放中，肠道发酵产生的温室气体排放占比最大，为 58.5%；饲料种植占比次之，为 28.9%；而粪便管理温室气体占比仅为 9.3%。存在这一差异的原因主要是中国奶牛养殖的规模化比例较高，粪便管理比较粗放，大部分都是以氧化塘贮存为主，因此粪便管理带来的温室气体排放量比较大。另外，该养殖场精饲料投入较大，蛋白水平较高，因此肠道发酵带来的温室气体排放量相对较低。在气体贡献方面，CH_4 贡献最大，为 38.1%，其次为 N_2O（36.3%）和 CO_2（25.6%）。

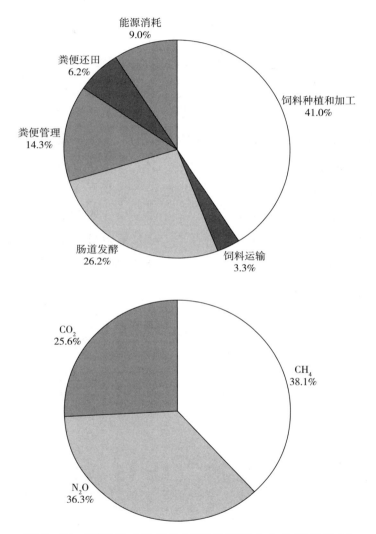

图 3-15 不同养殖阶段和不同类型温室气体贡献比例

3. 2020~2022 年奶牛养殖碳足迹变化比较

2020~2022 年养殖场碳足迹排放比较及 2023 年减排潜力如表 3-13 所

157

示。与 2020 年相比，2022 年每公斤标准奶的碳足迹减少了 6.1%。不同环节的减排贡献差异较大，其中，粪便管理和饲料运输的减排贡献最大，分别较 2020 年减少 45.2% 和 18.8% 的碳足迹。但是，能源消耗和粪便还田的排放强度较 2020 年增加了 32.0% 和 30.9%。这主要与 2022 年粪便用于还田利用和养殖场能源消耗大幅增加相关。与 2020 年相比，由于饲料投入的增加，动物生长净能增加，导致总能大幅度增加，从而导致转化为甲烷的能量增加，最终导致肠道发酵过程中甲烷排放的大幅度增加。因此，在保证产量的基础上，适当调整精粗比、提高饲料利用效率和粪便注入式施用是下一步减少养殖场温室气体排放的推荐措施。

与 2020 年相比，2022 年甲烷排放强度降低了 19.7%，但是氧化亚氮和二氧化碳排放量增加了 3.7% 和 6.4%。但是，氧化亚氮的全球增温潜力远远高于甲烷，这主要与养殖场 2022 年粪便管理比例的变化以及养殖场能源消费增加相关。因此控制粪便还田的 N_2O 排放和能源消耗的 CO_2 排放是下阶段减排措施的重要方向。

表 3-13　2020~2022 年养殖场碳足迹排放比较及
2023 年减排潜力

排放项目	2020 年	2021 年	2022 年	2022 年增减(%)	2023 年减排潜力				
					S1	S2	S3	S4	S5
不同环节									
饲料种植和加工	0.95	0.95	0.95	0.6	0.90	0.78	0.95	0.95	0.72
饲料运输	0.09	0.09	0.08	-18.8	0.07	0.04	0.08	0.08	0.03
肠道发酵	0.54	0.68	0.61	11.5	0.58	0.61	0.61	0.61	0.57
粪便管理	0.61	0.37	0.33	-45.2	0.32	0.33	0.24	0.24	0.22
粪便还田	0.11	0.16	0.14	30.9	0.14	0.14	0.15	0.15	0.14
能源消耗	0.16	0.11	0.21	32.0	0.20	0.21	0.21	0.13	0.12
不同气体类型									
CH_4	1.09	0.99	0.88	-19.7	0.84	0.88	0.80	0.80	0.75

排放项目	2020 年	2021 年	2022 年	2022 年增减(%)	2023 年减排潜力				
					S1	S2	S3	S4	S5
不同气体类型									
N_2O	0.80	0.86	0.85	3.7	0.81	0.71	0.84	0.84	0.66
CO_2	0.56	0.51	0.59	6.4	0.56	0.52	0.59	0.51	0.41
合计	2.45	2.36	2.32	-6.1	2.21	2.11	2.23	2.15	1.82

4.2023年养殖场碳足迹减排措施推荐和减排潜力估计

针对该农场 2023 年管理现状，4 种单项和综合主要减排措施的减排潜力如下。措施 1：优化粪便管理，每公斤标准奶碳足迹从 2.32kg CO_2e 降低到 2.23kg CO_2e，降低 3.9%。措施 2：提高成母牛比例到 55.0%，每公斤标准奶碳足迹从 2.32kg CO_2e 降低到 2.21kg CO_2e，降低 4.7%。措施 3：减少农场能源消耗，每公斤标准奶碳足迹从 2.32kg CO_2e 降低到 2.15kg CO_2e，降低 7.3%。措施 4：优化饲料（调整精粗比到 1.5，降低饲料转化率到 1.0），每公斤标准奶碳足迹从 2.32kg CO_2e 降低到 2.11kg CO_2e，降低 9.1%。通过 4 个措施的综合优化，该农场每公斤标准奶碳足迹从 2.32kg CO_2e 降低到 1.81kg CO_2e，共降低 22.0%。温室气体排放总量从 38130t CO_2e 降低到 32070t CO_2e，减少了 6060t CO_2e，排放总量可减排 15.9%。

（三）结论

首先，本报告采用生命周期评估的方法对江苏某奶牛养殖场 2020~2022 年连续 3 年的碳足迹进行了评估和比较。2022 年养殖场生产每公斤 FPCM 的平均温室气体排放量为 2.32kg CO_2e，其中大部分来自饲料种植和加工（41.0%）、肠道发酵（26.2%）、粪便管理（14.3%）和粪便还田（6.2%）。通过对 3 年养殖场管理措施和碳足迹变化的比较发现，碳足迹受饲料日粮、奶牛产奶量、畜群结构、粪肥管理和能量消耗等因素的影响。

其次，情景分析表明，与 BAU 相比，该养殖场牛奶生产的碳足迹可以减少 22%，减排潜力较大。因为该养殖场的产量已经较高，所以缓解措施应侧重于改善日粮结构和能源节约。与 BAU 相比，综合情景对 CH_4、N_2O 和 CO_2 的减排贡献最大。我们研究的见解可以为其他具有集约化养殖乳制品生产系统的发展中国家确定和优先考虑乳制品生产减缓战略提供指导，以减少温室气体排放。

参考文献

［1］ FAO and GDP，*Climate Change and the Global Dairy Cattle Sector：The Role of the Dairy Sector in a Low-Carbon Future*，2019.

［2］ FAO，*Greenhouse Gas Emissions from Ruminant Supply Chains：A Global Life Cycle Assessment*，2013.

［3］ FAO，*Greenhouse Gas Emissions from the Dairy Sector*，2023.

［4］ He Mingbao，Li Yingchun，Zong Shixiang，et al.，"Life Cycle Assessment of Carbon Footprint of Green Tea Produced by Smallholder Farmers in Shanxi Province of China"，*Agronomy*，2023，13.

［5］ Liang Long，Ridoutt Bradley G. and Wang Liyuan，et al.，"China's Tea Industry：Net Greenhouse Gas Emissions and Mitigation Potential"，*Agriculture*，2021，11（4）.

［6］ Liang Shuang，Gao Ying and Fu Yanqing，et al.，"Innovative Technologies in Tea-Beverage Processing for Quality Improvement"，*Current Opinion in Food Science*，2022.

［7］ Mazzetto Andre，Falconer Shelley and Ledgard Stewart，"Mapping the Carbon Footprint of Milk Production from Cattle：A Systematic Review"，*Journal of Dairy Science*，2022，105（12）.

［8］Wei S., Bai Z. H. and Chadwick D., et al., "Greenhouse Gas and Ammonia Emissions and Mitigation Options from Livestock Production in Peri-Urban Agriculture：Beijing：A Case Study", *Journal of Cleaner Production*, 2018.

［9］Xu Q., Hu K. and Wang X., et al., "Carbon Footprint and Primary Energy Demand of Organic Tea in China Using a Life Cycle Assessment Approach", *Journal of Cleaner Production*, 2019, 233.

［10］陈浪、姜军、文国营、欧大坤：《黎平县茶树不同机型修剪对比试验》，《农技服务》2020 年第 5 期。

［11］陈舜、逯非、王效科：《中国氮磷钾肥制造温室气体排放系数的估算》，《生态学报》2015 年第 19 期。

［12］陈宗懋：《新时代中国茶产业的创新与发展》，《茶博览》2019 年第 9 期。

［13］成洲、廖茜：《基于 PAS2050 规范的绿茶生产中碳排放分析》，《湖北农业科学》2016 年第 3 期。

［14］邓佳、林川尧、吴建等：《茶树修剪机性能对比试验》，《四川农业与农机》2021 年第 1 期。

［15］甘宁、孙长应、张正竹：《我国茶叶加工机械研究进展》，《中国茶叶加工》2018 年第 2 期。

［16］管曦、杨江帆、谢向英、林畅、李静芸：《基于 CKB 数据的中国茶叶消费行为研究》，《茶叶科学》2018 年第 3 期。

［17］郭家刚：《茶叶中 24 种农药残留 UPLC-MS/MS 分析方法研究》，硕士学位论文，安徽农业大学，2016。

［18］国家统计局农村社会经济调查司编《中国农村统计年鉴 2020》，中国统计出版社，2020。

［19］国家统计局农村社会经济调查司编《中国农村统计年鉴 2022》，中国统计出版社，2022。

［20］黄文强：《规模化养殖场牛奶生产碳足迹评估方法与案例分析》，硕士学位论文，中国农业科学院，2016。

［21］吉莉：《基于节约人工和能耗视角下的福建茶机结构升级研究》，硕士学位论文，福建农林大学，2016。

[22] 李反修：《对宜都市茶叶初加工机械化发展思考》，《湖北农机化》2019 年第 10 期。

[23] 梅宇：《2020 年度中国茶业扶贫发展报告》，《中国茶叶加工》2021 年第 1 期。

[24] 倪康、廖万有、伊晓云、牛司耘、马立锋、石元值、张群峰、刘美雅、阮建云：《我国茶园施肥现状与减施潜力分析》，《植物营养与肥料学报》2019 年第 3 期。

[25] 潘蓉、赵学尽、杜建斌、童杰文、黄萍、尚怀国、冷杨：《2021 年中国茶叶进出口贸易情况简析》，《中国茶叶》2022 年第 3 期。

[26] 汤晓美：《茶叶清洁化加工技术路线探讨》，《中国茶叶》2014 年第 8 期。

[27] 唐俊贤、王培娟、俄有浩、马玉平、邬定荣、霍治国：《中国大陆茶树种植气候适宜性区划》，《应用气象学报》2021 年第 4 期。

[28] 熊律、钟睿杰：《一种加热水量可控的健康节能饮水机装置》，《广东交通职业技术学院学报》2020 年第 3 期。

[29] 许咏梅、芦炜杰：《乡村振兴视角下中国茶叶出口、茶产业发展与县域经济增长的实证研究——基于 7 省 27 县的实证研究》，《茶叶》2019 年第 4 期。

[30] 姚久梅、张丽霞、赵浩涵、张虹、刘相东、庄美琪：《制约山东茶叶初加工清洁化的关键控制点调研》，《中国茶叶加工》2018 年第 3 期。

[31] 姚志生、王燕、王睿、刘春岩、郑循华：《中国茶园 N_2O 排放及其影响因素》，《农业环境科学学报》2020 年第 4 期。

[32] 曾宪忠、龙金琼、严艳、黄昌先、彭欣：《夷陵区茶叶初加工清洁能源使用情况研究初报》，《湖北农机化》2018 年第 11 期。

[33] 张强、崔清梅、王永健、罗鸿、戴居会、梁金波：《恩施州茶叶加工企业能耗现状及能源替代对策》，《中国茶叶》2018 年第 3 期。

[34] 中电联：《电联发布〈中国电力行业年度发展报告 2019〉》，http://www.chinapower.com.cn/focus/20190614/1278086.html。

[35] 中国畜牧兽医年鉴编辑委员会编《中国畜牧兽医年鉴 2022》，中国农业出版社，2022。

［36］中华人民共和国生态环境部：《企业温室气体排放核算方法与报告指南发电设施（2021 年修订版）》（征求意见稿），2021。

［37］中华人民共和国生态环境部：《中华人民共和国气候变化第二次两年更新报告》，2019 年 7 月 1 日。

第四章
低碳发展标准与监测体系

摘　要：　　　农业是温室气体的排放源之一，也是固碳增汇的重要行业。当前我国农业农村领域仍存在减排固碳底数不清、监测方法和核算标准体系不健全、认证缺乏指导依据等问题，亟须构建农业农村减排固碳技术标准体系，充分发挥标准基础性、引领性作用，提升农业农村减排固碳技术水平和管理效能。同时，科学的监测体系是减排固碳技术标准体系建设的必要支持。本章对国内外农业农村领域碳排放、碳减排、固碳等相关标准进行梳理，分析现阶段减排固碳标准体系和监测体系建设现状及存在的问题，明确建立农业农村减排固碳标准体系的思路及整体框架，加快关键领域标准制定与实施。

完善标准体系，铸就低碳生产之路。完善农业农村低碳标准体系，要求重点围绕稻田甲烷、农田氧化亚氮、反刍动物肠道甲烷、畜禽粪污管理、秸秆露天焚烧及农村生活用能等"排放源"，农田和渔业"碳汇源"，以及可再生能源替代"减排源"等主要领域，研编一批国家、行业、地方标准，提出标准体系建设有关建议，为推进农业农村领域建立健全统一的碳排放数据监测计量、核算、报告、核查等技术标准体系提供参考和支撑。同时，通过系统、科学地开展农业温室气体和耕地土壤有机碳库动态监测，建立农业碳排放监测体系，系统监测农业生产要素及其动态变化，阐明要素间联系及其发展规律，为推进我国农业农村绿色发展以及减排固碳管理决策提供技术和数据支撑。

构建监测体系，支撑低碳理论和标准化技术推广应用。《巴黎协定》建议利用可监测、可报告、可核查的"三可"MRV方法体系，建立一个透明的框架用于国家温室气体排放变化监测。国外监测体系发展较国内更完善，有多个监测期长达数十年的全球长期通量观测网络，联合国粮食及农业组织、联合国环境规划署、世界气象组织等国际组织主导实施了一系列跨政府科学研究计划，科学观测网络化进一步升级为全球尺度的观测系统。我国农业科学观测实验站的建设起步于20世纪60~70年代，到21世纪已逐步形成多站点联网观测的科学观测体系。尽管我国农业观测网络建设取得了阶段性进展，但与国际先进农业观测网络、国家农业高质量发展的重大观测需求相比，还存在起步晚、基础弱、谋划少等问题。同时，我国针对农业农村减排固碳的监测体系尚未完全建立，现有方法存在局限性，监测站点网络覆盖度有限，制约我国农业碳排放监测体系建设。

一　农业农村减排固碳标准现状与进展

（一）国内外现状

标准是经济活动和社会发展的技术支撑，是国家治理体系和治理

能力现代化的基础性制度。为实现国家碳达峰碳中和目标，2021 年
10 月中共中央、国务院下发《关于完整准确全面贯彻新发展理念做好
碳达峰碳中和工作的意见》，国务院下发《2030 年前碳达峰行动方
案》，提出了建设标准体系相关内容，要健全法律法规标准和统计监测
体系，完善标准计量体系，建立统一规范的碳排放统计核算体系，提
升统计监测能力。2021 年 12 月，国家标准化管理委员会等十部门联合
印发《"十四五"推动高质量发展的国家标准体系建设规划》，将碳达
峰碳中和标准纳入建设重点领域国家标准体系中，加快制定温室气体
排放核算、报告和核查，温室气体减排效果评估，温室气体管理信息
披露方面的标准；推动碳排放管理体系、碳足迹、碳汇、碳中和、碳
排放权交易、气候投融资等重点标准制定。2022 年 5 月，农业农村部、
国家发展改革委联合印发《农业农村减排固碳实施方案》，提出要健全
农业农村减排固碳标准体系，制修订一批国家标准、行业标准和地方
标准，完善农业农村减排固碳的监测指标、关键参数、核算方法。

1. 国外进展

（1）相关的政策和法规

欧盟。2019 年发布的《欧洲绿色新政》提出减少畜禽养殖过程
中抗生素的使用，支持农业循环经济，制定农产品环境标准，促进绿
色商业模式发展。2020 年发布的《欧盟甲烷战略》提出了 5 项农业
甲烷减排行动计划。一是支持成立专家组，重点研究畜禽养殖、饲料
管理、化肥减量等问题，建立计算牲畜总甲烷排放量的生命周期方
法；二是组织编制最佳实践和可用技术清单，更广泛地实施创新缓解
行动，特别关注畜禽肠道发酵产生的甲烷；三是制定温室气体排放量
和清除量定量计算准则，鼓励农场碳平衡计算；四是将"低碳农业"
列入共同农业政策战略计划，促进减排技术的应用；五是依托 2021~
2024 年"地平线欧洲"资助计划，就有效减少甲烷排放开展针对性
研究。2020 年 1 月 15 日，欧盟委员会通过《欧洲绿色协议》，提出

欧盟到 2050 年实现碳中和的碳减排目标，承诺帮助各国改善修复受损的生态系统。同时，欧盟委员会于 2021 年 4 月 27 日出版了一份关于如何在欧盟建立和实施碳农业的技术手册，探讨了低碳农业的关键问题、挑战、权衡和设计方案。

英国。提出到 2050 年温室气体（GHG）净零排放的目标（与 1990 年的水平相比），该目标计划由英国政府在 2019 年根据气候变化委员会的建议通过。同时，英国政府还宣布了第六次碳预算目标，到 2035 年，排放量比 1990 年减少约 78%。英国政府环境、食品和农业部 2021 年 10 月 28 日发布了《2021 农业-气候报告》，详细介绍并且分析了英国农业系统碳排放的现状和措施，针对畜牧业系统，主要通过种养循环养分管理，提高植物氮利用效率，土壤管理（减少土壤侵蚀和板结等），家畜育种，家畜营养等方面研发相应的技术，达到固碳减排的目标。

德国。2019 年制定了《气候保护计划 2030》，明确规定了涉及农业的 10 项减排固碳措施。一是减少氮肥的过量使用，改良作物品种；二是鼓励农业废弃物沼气发电利用、沼液密闭式储存；三是提高动物福利，精准饲喂，减少饲料浪费；四是扩大减免耕、覆盖作物、有机农业等土地面积；五是促进农业生产节能和可再生能源使用；六是推动耕地土壤腐殖质层的建立；七是加强常绿林的保护；八是加强沼泽地的保护；九是确保森林和草地的创新利用；十是实施《减少粮食浪费国家战略》。

丹麦。为了减少畜禽养殖过程中对环境的污染，制定了一系列相关的法律法规，包括源头控制、过程减量和粪肥高效利用等方面。在源头控制方面，动物饲料中严禁添加重金属，包括 Cu、Zn 等营养元素，实行兽药抗生素使用管理报告制度，以确保畜禽粪肥安全还田；在过程减量方面，畜禽粪尿处置过程中以最小化养分损失和最大化还田利用为根本准则，依次在畜禽圈舍、粪水贮存池、田间施肥 3 个环节要求养殖场进行减排措施的应用，包括秸秆覆盖、酸化、注射施肥等在内的控氨措施，并纳入初始和定期考核的环评报告；在粪肥高效利用方面，要求粪肥必须在作物生长季节施用，不允许在秋季和冬季施用，实行养分平衡管理计划，各个农场都需要创建肥料账户，对不同生产经营条件农场施行化肥配额制度，同时，为了减少粪肥施用过程中氨挥发，禁止液体粪肥喷施，鼓励采用拖管条带、酸化拖管、注射深施的方式进行利用。

法国。2000 年颁布《控制温室效应国家计划》，明确了减排措施选取和制定原则，确保已经制定的减排措施得到有效落实，主要利用经济手段来调节和控制温室气体排放。该计划提出了三类不同的减排措施，并明确了措施的适用范围。第一类减排措施包括资助、法规、标准、培训和信息宣传；第二类减排措施是指利用经济手段（以生态税为核心，增值税优惠、绿色证书制度等）来限制排放；第三类减排措施包括城市空间发展控制，发展城市公共交通和基础交通设施，增强建筑物节能效果和发展清洁能源。农业领域主要适用第一类和第二类措施。在农业领域启动了旨在加深认识的研究发展计划，将重点放在反刍类动物肠道发酵的限制、土壤的排放和吸收以及生物质燃料代替化石燃料方面。

美国。2013 年发布了《美国农业土地和动物生产温室气体减排选择和成本分析》，在畜牧生产领域重点列出了肠道甲烷减排，包括培育优良品种、优化饲料配方、提高精粗比等，系统介绍了减排技术，包括描述有关当前采用水平的现成数据、进一步采用的可能性以及潜在的信息，实施减排技术额外采用的障碍，实施技术成本的估算，技术的减排潜力等，为养殖场选择适合自身的减排技术提供了依据。2015 年美国农业部制定了温室气体减排方案，强调通过提升土壤健康水平的土地管理活动减少表层土壤的碳流失，增加土壤有机碳，从而达到固碳的作用。2021 年 10 月 12 日投资 1000 万美元对保护储备项目（Conservation Reserve Program，CRP）的土壤碳进行采样、测量和监测，以更好地量化该项目的气候成果。作为 CRP 计划的一部分，草原保护储备计划（Grassland Reserve Program）致力于防止牧场被转化为耕地或用于城市发展。另外，2021 年 11 月在联合国气候大会期间，美国联合 90 多个国家启动了"全球甲烷承诺"，其目标是到 2030 年将全球甲烷排放量从 2020 年的水平至少减少 30%，并逐步采用现有最佳清单方法来量化甲烷排放。在农业领域，美国政府拟通过农民和牧场主的合作，努力扩大自愿采用气候智慧型农业的范围，通过激励部署改进新型畜禽饲料，减少主要农业活动的甲烷排放。

澳大利亚。澳大利亚清洁能源监管机构设立了"减排基金（Emissions Reduction Fund，ERF）"，并将其作为减少或抵消温室气体排放的激励措施，该基金是基于《2011 年碳信用额（碳农业行动）法》和《2015 年碳信用额（碳农业行动）规则》而设立的，旨在通过各种活动减少碳排放或将碳储存在土壤和植被中。参与者通过运行项目，并通过减少排放或固定碳来获取澳大利亚碳信用单位（Australian Carbon Credit Units，ACCUs），每个 ACCUs 代表一个项目储存或避免的一吨二氧化碳当量（t CO_2e）的排放。最终可以通过出售碳排放单位来创收，既可以通过碳减排合同卖给澳大利亚政府，也可以在二级市场卖给公司和其他私人买家。为了确保这些减排不会被其他经济领域的排放增加显著取代，减排基金还包括一个保障机制（Safeguard Mechanism），要求温室气体净排放量保持在排放限制（基线）以下。政府将逐步降低保障机制下的排放限制，帮助澳大利亚在 2050 年实现净零排放。该基金同时提供了减排的方法论，例如肉牛畜群管理制度，可以通过减少每公斤活重生产的肉牛排放来降低肉牛生产的排放强度，主要通过提高牛的生产力、降低畜群的平均年龄、降低畜群中不生产牲畜的比例或改变畜群中每个畜类的牲畜数量来减少排放；土壤碳管理制度提出引入一项或多项新的合格土地管理活动来提高土壤碳含量水平，例如，施用营养物质、石灰或石膏，补播，优化载畜率或放牧时间、强度等。

巴西。2021年4月20日，巴西农业、畜牧业和食品供应部（MAPA）宣布了《适应气候变化和低碳排放的农业可持续发展部门计划（2020—2030）》，即ABC+计划。MAPA将ABC+计划视为通过适应和减缓温室气体排放的战略来促进可持续农业的工具。主要措施是继续采用和维护可持续农业生产系统，支持应用研究，以开发或改进可持续生产系统、实践、产品和流程，重点是提高弹性、生产力和收入以控制温室气体排放。

新西兰。2019年新西兰政府正式提出了《零碳排放法案》，到2050年，新西兰将净碳排放量设定为零，到2050年将甲烷排放量减少24%~47%，这是新西兰努力履行《巴黎协定》承诺的一部分。此外还包括，到2030年新西兰在2017年的水平上进一步减少10%的甲烷排放目标。这一项是对新西兰农业的保护措施。

（2）温室气体核算体系起源

《温室气体核算体系》（GHG Protocol）是由世界资源研究所（WRI）和世界可持续发展工商理事会（WBCSD）自1998年起逐步开发的系列标准、指南和工具，包含企业、组织、项目等不同层面的温室气体核算和报告准则，该标准体系可为农业农村温室气体核算提供一定的通用框架体系支撑。其中《温室气体核算体系：企业核算与报告标准》于2001年9月第一次发布，是《温室气体核算体系：产品寿命周期核算和报告标准》《温室气体核算体系：企业价值链（范围三）核算与报告标准》等标准制定的基础。2006年，国际标准化组织基于该标准，制定了组织层面温室气体核算标准ISO14064等系列国际标准，与该标准相兼容。

（3）ISO国际标准

2015年第70届联合国大会通过的《改变我们的世界——2030年

可持续发展议程》制定了 15 年计划，其中目标 13 是气候行动，采取紧急行动应对气候变化及其影响（Hák 等，2016）。制定统一的国际标准，能够有力促进实现联合国可持续发展目标，在气候变化目标中 ISO 标准对碳交易计划、碳减排、碳中和及低碳战略与政策制定至关重要，目前 ISO 已发布国际标准 1181 项。环境管理体系 ISO14000 系列标准直接涉及温室气体管理的有关内容，ISO14001 使用最广泛，涵盖了总体框架、审核、沟通、标签、生命周期分析以及缓解和适应气候的方法改变。2007 年国际标准化组织环境管理技术委员会（ISO/TC207）成立了温室气体管理标准化分技术委员会（SC7），专门致力于温室气体管理和相关活动标准体系的研究及相关标准的制定，还包括减缓和适应气候变化相关标准制定，目前已发布国际标准 13 项，正在编制标准 6 项，内容涉及农业领域温室气体排放、农田碳汇等的相关核算和报告要求（Costanza 等，2014）。已发布农业减排与固碳的相关标准 7 项，正在编制标准 1 项，标准涉及土壤温室气体（CO_2、N_2O、CH_4）的测量方法、土壤减少 N_2O 能力的评估、海产品碳足迹等。温室气体相关国际标准如表 4-1 所示。

表 4-1　温室气体相关国际标准

领域	最新标准号	标准名称(译文)	状态
温室气体领域	ISO 14001:2015	环境管理体系—要求和使用指南	发布
	ISO 14064—1:2018	温室气体第 1 部分:组织层次上对温室气体排放和清除的量化与报告的规范及指南	发布
	ISO 14064—2:2019	温室气体第 2 部分:项目层面上对温室气体排放和清除的量化与报告的规范及指南	发布
	ISO 14064—3:2019	温室气体第 3 部分:温室气体声明的验证和确认指南规范	发布
	ISO 14065:2020	温室气体对从事温室气体合格性鉴定或其他形式认可的确认与验证机构的要求	发布

续表

领域	最新标准号	标准名称（译文）	状态
温室气体领域	ISO 14066:2011	温室气体审定及核查团队能力要求	发布,修订中
	ISO 14067:2018	温室气体产品的碳足迹—量化要求和指南	发布
	ISO/WD 14068	温室气体管理及相关活动—碳中和	制定中
	ISO/TR 14069:2013	温室气体排放的量化和报告—ISO 14064—1应用指南	发布,修订中
	DS/ISO 14080:2018	温室气体管理和相关活动—气候行动方案的框架和原则	发布
	ISO/AWI TR 14082	辐射强迫管理—基于辐射强迫的气候足迹和减缓努力的量化和报告指南	制定中
	ISO/DIS 14083	温室气体运输链运营产生的排放量的量化和报告	制定中
	BS EN ISO 14090:2019	适应气候变化原则、要求和指南	发布
	ISO 14091:2021	适应气候变化脆弱性、影响和风险评估指南	发布
	ISO/TS 14092:2020	适应气候变化地方政府和社区适应规划的要求和指南	发布
	ISO/DIS 14093	当地适应气候变化的融资机制—基于绩效的气候恢复力赠款—要求和指南	制定中
	ISO 14097:2021	温室气体管理和相关活动—包含气候变化相关投资和融资活动评估与报告准则和要求的框架	发布
	ISO Guide 84:2020	应对气候变化准则（团标）	发布
	ISO 19694—1:2021	固定源排放能源密集型产业中温室气体排放的测定第1部分：一般方面	发布
	ISO 14385—1:2014	固定源排放温室气体—第1部分：自动测量系统的校准	发布
	ISO 14385—2:2014	固定源排放温室气体—第2部分：自动测量系统的持续质量控制	发布
	ISO 18466:2016	固定源排放使用平衡法测定烟道气中CO_2中的生物成分	发布
	ISO 25139:2011	固定源排放使用气相色谱法测定甲烷浓度的手动方法	发布

续表

领域	最新标准号	标准名称（译文）	状态
温室气体领域	ISO 25140:2010	固定源排放使用火焰离子化检测（FID）测定甲烷浓度的自动方法	发布
	ISO 21258:2010	固定源排放氧化亚氮（N_2O）质量浓度的测定—参考方法:非色散红外法	发布
农业温室气体领域	ISO 20951:2019	土壤质量—土壤和大气之间温室气体（CO_2、N_2O、CH_4）和氨（NH_3）通量的测量方法指南	发布
	ISO/FDIS 23992	土壤质量—详细记录和监测动态土壤特性变化的框架	制定中
	ISO/TS 20131—2:2018	土壤质量—土壤反硝化的简单实验室评估,N_2O 排放的过程源—第 2 部分:评估土壤减少 N_2O 的能力	发布
	ISO/TS 20131—1:2018	土壤质量—简单的实验室评估用于表征土壤中的脱氮—第 1 部分:土壤脱氮酶活性	发布
	ISO 25177:2019	土壤质量—田间土壤描述	发布
	ISO 23400:2021	田间尺度矿质土壤有机碳和氮储量及其变化的测定指南	发布
	IWA 20:2017	了解和应用滴灌可持续农业	发布
	ISO 22948:2020	海产品的碳足迹—有鳍鱼的产品类别规则（CFP-PCR）	发布

（4）IPCC 温室气体清单编制指南

世界气象组织和联合国环境规划署共同组建联合国政府间气候变化专门委员会（IPCC），为编制国家温室气体清单制定了《2006 年 IPCC 国家温室气体清单编制指南》（2006 IPCC Guidelines for National Greenhouse Gas Inventories），为各国编制温室气体国家清单提供方法学依据，目前已有 1996、2000、2006 三个版本，此后发布了最新 2019 年修订版，需要结合 2006 版本使用（Velychko and Gordiyenko,

2009）。指南中包括了一般指导及报告，能源，工业生产过程，农业、林业和其他土地利用，以及废弃物共五卷。农业温室气体有关内容在指南第四卷农业、林业和其他土地利用，核算过程包括方法的选择、排放因子和换算系数、活动数据、不确定性评估、数据完整性、质量控制以及报告要求等。根据《联合国气候变化框架公约》决议，发达国家温室气体核算目前采用《2006 年 IPCC 国家温室气体清单编制指南》，中国国家温室气体信息通报数据核算采用《1996 年 IPCC 国家温室气体清单编制指南》和《土地利用、土地利用变化和林业优良做法指南》，部分采用《2006 年 IPCC 国家温室气体清单编制指南》（Kaufmann 等，2022）。

（5）其他国家现状

欧盟委员会制定了温室气体排放监测和报告指南（Decision 2004/156/EC）来指导温室气体排放的监测和报告，明确了不同企业生产类型的温室气体监测方法，2007 年和 2009 年对指南进行了修正（焦小平，2012）。欧洲标准化委员会发布了 EN 16214—4：2013+A1：2019《用于能源应用的生物燃料和生物液体生产的可持续性标准—原则、标准、指标和验证—第 4 部分：使用生命周期分析计算温室气体排放平衡的方法》。正在制定 CEN/TC 467《温室气体：土地农艺管理实践中温室气体减排和清除增强量化的要求和指南》、prEN 16214—1《能源应用生物质的可持续性和温室气体减排标准—原则、标准、指标和验证器—第 1 部分：术语》、prEN 16214—3《能源应用生物质的可持续性和温室气体减排标准—原则、标准、指标和验证器—第 3 部分：与环境因素相关的可持续性标准》等标准。

英国标准学会（BSI）2008 年发布《PAS 2050：2008 商品和服务在生命周期内的温室气体排放评价规范》（下文简称《PAS 2050规范》），2011 年发布修订版，该规范是全球首个生命周期评价方法的产品碳足迹方法标准，在英国现行的标准体系中，比 ISO 国际标准、欧盟标准和英国标准的法律效力低，但比企业的管理手册效力高，该规范主要关注企业的产品在生命周期内产生的各种温室气体的排放情况。标准 ISO14067 是以《PAS 2050 规范》为基础编制的，世界各国同类型碳足迹标签评价标准中，《PAS 2050 规范》是使用最多的碳足迹标准。此外，英国标准学会还发布了 PAS 2070：2013《城市温室气体排放评估规范》和 PAS 2060：2014《碳中和示范规范》等标准。

美国环保署于 2009 年发布《温室气体强制报告法规》，列出 42 类排放源的温室气体核算方法，采用监测与计算并用的核算方式（董文福等，2011）。此外，发布了 ASTM E2137《评定环境情况的经济成本和负债的标准指南》、ASTM E2173《环境责任披露指南》、ASTM E2718《气候变化所致的财务公开的标准指南》、ASTM E2725《温室气体基本评估与管理标准指南》、AS 4978.1《森林项目中温室气体的量化、监测和报告造林和再造林》等标准。

2. 国内进展

（1）标准现状

2014 年，全国碳排放管理标准化技术委员会成立（SAT/TC548），主要负责碳排放管理术语、统计、监测，区域碳排放清单编制方法，企业、项目层面的碳排放核算与报告，低碳产品、碳捕获与碳储存等低碳技术与设备，碳中和与碳汇等领域国家标准制修订工作。对口国际标准化组织二氧化碳捕集、运输与地质封存技术委员会（ISO/TC265）和环境管理技术委员会温室气体管理及相关活动分技术委员会（ISO/TC207/SC7）。目前制定温室气体相关的国家标准 44 项，已发布 23 项，农业农村温室气体相关国家标准如表 4-2 所示。

表 4-2　农业农村温室气体相关国家标准

序号	标准号	标准名称	状态
1	GB/T 32150—2015	工业企业温室气体排放核算和报告通则	现行
2	GB/T 31705—2015	气相色谱法本底大气二氧化碳和甲烷浓度在线观测方法	现行
3	GB/T 31709—2015	气相色谱法本底大气二氧化碳和甲烷浓度在线观测数据处理方法	现行
4	GB/T 32760—2016	反刍动物甲烷排放量的测定　六氟化硫示踪—气相色谱法	现行
5	GB/T 33760—2017	基于项目的温室气体减排量评估技术规范　通用要求	现行
6	GB/T 33755—2017	基于项目的温室气体减排量评估技术规范　钢铁行业余能利用	现行
7	GB/T 33756—2017	基于项目的温室气体减排量评估技术规范　生产水泥熟料的原料替代项目	现行
8	GB/T 34286—2017	温室气体　二氧化碳测量　离轴积分腔输出光谱法	现行
9	GB/T 34287—2017	温室气体　甲烷测量　离轴积分腔输出光谱法	现行
10	QX/T 454—2018	卫星遥感秸秆焚烧过火区面积估算技术导则	现行
11	HY/T 0305—2021	养殖大型藻类和双壳贝类碳汇计量方法　碳储量变化法	现行
12	20173623—T—303	温室气体排放核算与报告要求　种植业企业	批准中
13	20173625—T—303	温室气体排放核算方法与报告指南　畜禽规模养殖企业	批准中

　　2013 年以来，国家标准层面上，目前已研究制定了电力、钢铁、有色金属、水泥、化工、民航等 27 个行业企业温室气体排放核算方法与报告指南，已发布 12 项。已发布和即将批准的国家标准中涉及农业农村领域的有 3 项，分别是 GB/T 32760—2016《反刍动物甲烷排放量的测定　六氟化硫示踪—气相色谱法》、《温室气体排放核算与报告要求　种植业企业》（批准中）、《温室气体排放核算方法与报

告指南　畜禽规模养殖企业》（批准中）。

农业农村温室气体相关行业标准如表4-3所示。在表4-2和表4-3中，与农业农村领域国家标准相关的仅3项，涉及秸秆焚烧监测、渔业碳汇计量、种养殖减排评价，包括QX/T 454—2018《卫星遥感秸秆焚烧过火区面积估算技术导则》、HY/T 0305—2021《养殖大型藻类和双壳贝类碳汇计量方法碳储量变化法》、RB/T 076—2021《种养殖温室气体减排技术评价规范》。

表4-3　农业农村温室气体相关行业标准

序号	标准号	标准名称	状态
1	QX/T 125—2011	温室气体本底观测术语	现行
2	QX/T 164—2012	温室气体玻璃瓶采样方法	现行
3	QX/T 213—2013	温室气体玻璃采样瓶预处理和后处理方法	现行
4	QX/T 214—2013	卤代温室气体不锈钢采样罐预处理和后处理方法	现行
5	QX/T 429—2018	温室气体　二氧化碳和甲烷观测规范　离轴积分腔输出光谱法	现行
6	RB/T 075—2021	农田固碳技术评价规范	现行
7	RB/T 076—2021	种养殖温室气体减排技术评价规范	现行
8	RB/T 211—2016	组织温室气体排放核查通用规范	现行
9	NY/T 4243—2022	畜禽养殖场温室气体排放核算方法	现行

农业农村领域已发布温室气体相关的地方标准35项、团体标准18项，见表4-4、表4-5。技术领域标准涉及稻田、其他农业种植、畜禽养殖、畜禽粪污管理、农田土壤固碳、渔业碳汇等方面。北京市在农业农村温室气体领域地方标准制定方面走在前列，制定了种植、养殖企业及产品的排放核算指南以及农田固碳核算指南，共9项地方标准。

表 4-4 农业农村领域温室气体相关地方标准

序号	标准号	标准名称	状态	所属地区
1	DB36/T 1094—2018	农业温室气体清单编制规范	现行	江西
2	DB11/T 1421—2017	温室气体排放核算指南 设施农业企业	现行	北京
3	DB11/T 1422—2017	温室气体排放核算指南 畜牧养殖企业	现行	北京
4	DB11/T 1561—2018	农业有机废弃物（畜禽粪便）循环利用项目碳减排量核算指南	现行	北京
5	DB11/T 1562—2018	农田土壤固碳核算技术规范	现行	北京
6	DB11/T 1563—2018	农业企业（组织）温室气体排放核算和报告通则	现行	北京
7	DB11/T 1564—2018	种植农产品温室气体排放核算指南	现行	北京
8	DB11/T 1565—2018	畜牧产品温室气体排放核算指南	现行	北京
9	DB11/T 1616—2019	农产品温室气体排放核算通则	现行	北京
10	DB11/T 1644—2019	测土配方施肥节能减碳效果评价规范	现行	北京
11	DB14/T 1279—2016	日光温室早春茬番茄高效固碳生产技术规程	现行	山西
12	DB14/T 1280—2016	日光温室冬春茬番茄高效固碳生产技术规程	现行	山西
13	DB14/T 1281—2016	果菜类蔬菜高效固碳育苗技术规程	现行	山西
14	DB14/T 1282—2016	日光温室冬春茬黄瓜高效固碳生产技术规程	现行	山西
15	DB14/T 1283—2016	日光温室辣椒高效固碳生产技术规程	现行	山西
16	DB14/T 1284—2016	日光温室早春茬胡萝卜高效固碳生产技术规程	现行	山西
17	DB14/T 1286—2016	日光温室茄子高效固碳生产技术规程	现行	山西
18	DB14/T 1287—2016	高效固碳日光温室结构与性能要求	现行	山西
19	DB14/T 1289—2016	塑料大棚番茄高效固碳生产技术规程	现行	山西
20	DB14/T 1291—2017	日光温室秋冬茬番茄高效固碳生产技术规程	现行	山西
21	DB14/T 1554—2018	日光温室草莓高效固碳生产技术规程	现行	山西
22	DB14/T 1555—2018	日光温室西芹高效固碳生产技术规程	现行	山西
23	DB14/T 1556—2018	日光温室秋冬茬黄瓜高效固碳生产技术规程	现行	山西

续表

序号	标准号	标准名称	状态	所属地区
24	DB14/T 1562—2018	塑料大棚茄子高效固碳绿色生产技术规程	现行	山西
25	DB14/T 1563—2018	塑料大棚西瓜高效固碳绿色生产技术规程	现行	山西
26	DB14/T 1564—2018	塑料大棚西葫芦高效固碳绿色生产技术规程	现行	山西
27	DB14/T 1568—2018	日光温室生菜高效固碳生产技术规程	现行	山西
28	DB23/T 1873—2017	稻田系统温室气体减排水肥管理操作规程	现行	黑龙江
29	DB32/T 2083—2012	稻麦两熟农田节肥减排技术	现行	江苏
30	DB34/T 2712—2016	中稻节水减灌溉技术规程	现行	安徽
31	DB34/T 3296—2018	小麦控水栽培减排后茬水稻甲烷技术规程	现行	安徽
32	DB36/T 1094—2018	农业温室气体清单编制规范	现行	江西
33	DB37/T 4067—2020	大葱生产固碳减排技术规程	现行	山东
34	DB41/T 1936—2020	小麦—玉米固碳减排生产技术规程	现行	河南
35	DB5114/T 23—2020	杂交中稻节水减排水分管理技术规范	现行	眉山市

表4-5　国内农业农村领域减排固碳团体标准

序号	标准号	名称	发布部门
1	T/LCAA 012—2022	农产品碳足迹核算通则	北京低碳农业协会
2	T/LCAA 011—2022	养殖场粪污处理项目温室气体减排量核算指南	北京低碳农业协会
3	T/LCAA 010—2022	农业企业低碳评价技术通则	北京低碳农业协会
4	T/LCAA 009—2022	种养殖企业（组织）温室气体排放核算和报告通则	北京低碳农业协会
5	T/LCAA 005—2021	气体中甲烷、氧化亚氮和二氧化碳浓度测定　气相色谱法	北京低碳农业协会
6	T/LCAA 004—2020	养殖企业温室气体排放监测技术规范	北京低碳农业协会

序号	标准号	名称	发布部门
7	T/CAPID 003—2022	基于项目的温室气体减排量评估技术规范　农林生物质发电项目	中国产业发展促进会
8	T/AHEMA 19—2022	温室气体走航监测技术规范	安徽省环境检测行业协会
9	T/CSTE 0073—2020	猪粪资源化利用替代化肥非二氧化碳温室气体减排量核算指南	中国技术经济学会
10	T/ZGCERIS 0006—2019	畜禽粪便腐殖化堆肥项目温室气体减排量核算技术规范	中关村生态乡村创新服务联盟
11	T/ZGCERIS 0005—2019	猪场粪便管理和有机小麦种植联动循环项目温室气体减排量核算技术规范	中关村生态乡村创新服务联盟
12	T/ZGCERIS 0004—2019	奶牛养殖玉米秸秆过腹还田项目温室气体减排量核算技术规范	中关村生态乡村创新服务联盟
13	T/ZGCERIS 0003—2019	泌乳奶牛日粮调控项目温室气体减排量核算技术规范	中关村生态乡村创新服务联盟
14	T/ZGCERIS 00015—2018	畜牧产品温室气体排放核算指南	中关村生态乡村创新服务联盟
15	T/ZGCERIS 00013—2018	农业企业（组织）温室气体排放核算和报告通则	中关村生态乡村创新服务联盟
16	T/ZGCERIS 00012—2018	农业有机废弃物（畜禽粪便）循环利用项目碳减排量核算指南	中关村生态乡村创新服务联盟
17	T/GDES 26—2019	碳足迹标识	广东省节能减排标准化促进会
18	T/GDES 20002-2016	产品碳足迹产品种类规则巴氏杀菌乳	广东省节能减排标准化促进会

（2）我国温室气体清单编制指南及自愿减排方法

我国是《联合国气候变化框架公约》首批缔约方之一，属于非附件一缔约方需提交国家信息通报。为进一步加强省级温室气体清单编制能力建设，国家发展改革委组织有关专家基于国家温室气体清单，参考 IPCC 国家温室气体清单指南核算方法，发布了《省级温室气体清单编制指南》，并在广东、湖北、天津等 7 个省市进行试点编制。该指南对省级区域内一切活动排放和吸收的温室气体相关信息进行汇总，主要用于指导编制省级温室气体清单，也逐步适用于区域层面的温室气体核算的指导工作，具有科学性、规范性和可操作性。指南共包括七章内容，结构与 IPCC 国家温室气体清单指南一致，分为能源活动、工业生产过程、农业、土地利用变化和林业、废弃物处理等领域。不同领域的清单编制指南在第一章至第五章，为碳排放计量工作提供指南，此外还包括不确定性方法以及质量保证和控制的内容。其中第三章农业，包括概述、稻田甲烷排放、省级农用地氧化亚氮排放量、动物肠道发酵甲烷排放、动物粪便管理甲烷和氧化亚氮排放、农业部门温室气体清单报告格式等内容。

　　2013 年以来，国家发展改革委作为温室气体自愿减排交易主管部门，委托专家对联合国清洁发展机制执行理事会目前已经批准的近 200 个大规模以及小规模清洁发展机制方法进行了评估，并将其转化成适合国内自愿减排交易的方法，涉及农业农村领域的方法有 28 个（见表 4-6）。自愿减排方法适用于以工程、项目或单户为单元的温室气体减排核算，其内容主要包括建立基准线、确定项目边界和泄漏估算、减排量和减排成本效益计算、监测要求等。

表 4-6　农业农村领域温室气体自愿减排方法

序号	方法编号	方法名称
1	CMS—017—V01	在水稻栽培中通过调整供水管理实践来实现减少甲烷的排放
2	CMS—021—V01	动物粪便管理系统甲烷回收
3	CMS—026—V01	家庭或小农场农业活动甲烷回收

序号	方法编号	方法名称
4	CMS—027—V01	太阳能热水系统（SWH）
5	CMS—028—V01	户用太阳能灶
6	CMS—036—V01	使用可再生能源进行农村社区电气化
7	CMS—062—V01	用户热利用中替换非可再生的生物质
8	CMS—063—V01	家庭小型用户应用沼气/生物质产热
9	CMS—066—V01	现有农田酸性土壤中通过大豆—草的循环种植中通过接种菌的使用减少合成氮肥的使用
10	CMS—069—V01	在非能源应用的现有生产设施中从化石燃料到生物质能的转换
11	CMS—075—V01	通过堆肥避免甲烷排放
12	CMS—078—V01	使用从沼气中提取的甲烷制氢
13	CM—071—V01	季节性运行的生物质热电联产厂的最低成本燃料选择分析
14	CM—073—V01	供热锅炉使用生物质废弃物替代化石燃料
15	CM—075—V01	生物质废弃物热电联产项目
16	CM—080—V01	生物质废弃物用作纸浆、硬纸板、纤维板或生物油生产的原料以避免排放
17	CMS—081—V01	反刍动物减排项目
18	CMS—082—V01	畜禽粪便堆肥管理减排项目
19	CMS—083—V01	保护性耕作减排增汇项目
20	CM—085—V01	生物基甲烷用作生产城市燃气的原料和燃料
21	CM—086—V01	通过将多个地点的粪便收集后进行集中处理减排温室气体
22	CM—090—V01	粪便管理系统中的温室气体减排
23	CM—092—V01	纯发电厂利用生物废弃物发电
24	CM—093—V01	在联网电站中混燃生物质废弃物产热和/或发电
25	CM—095—V01	以家庭或机构为对象的生物质炉具和/或加热器的发放
26	CM—100—V01	废弃农作物秸秆替代木材生产人造板项目
27	CM—106—V01	生物质燃气的生产和销售
28	CM—107—V01	利用粪便管理系统产生的沼气制取并利用生物天然气

从现行制定和发布的相关标准情况来看，我国农业农村领域减排固碳相关标准未形成有效的体系。国家标准较为缺乏，目前只发布了1项涉及畜牧业减排固碳的国家标准，即由全国畜牧业标准化技术委员会（SAC/TC 274）归口的《反刍动物甲烷排放量的测定 六氟化硫示踪—气相色谱法》（GB/T 32760—2016）。待发布国家标准仅2项。行业标准刚刚起步，目前有3项由认可认证部门、农业部门以及中国气象局发布或是立项的行业标准，立项2项农业行业标准，分别为《农业农村减排固碳术语和分类》《生态系统甲烷和氧化亚氮排放通量监测静态箱法》。中国气象局立项1项行业标准，即《草地土壤碳汇核算规程》，目前正在征求意见。地方标准有一定数量，从2011年开始，宁夏、北京、江西等省份先后制定了排放核算、减排固碳技术规程、清单编制方法等标准35项。北京从2017年起，先后制定发布相关标准6项，其中包括企业、项目等层次温室气体排放核算指南3项，农产品、企业温室气体排放核算通则各1项，农田土壤固碳核算技术规范1项；江西制定农业温室气体清单编制规范1项。团体标准制定较为活跃，2018年以来，北京低碳农业协会、中关村生态乡村创新服务联盟、中国技术经济学会、广东省农业标准化协会等社团先后制定发布了核算、核查、监测、评价等团体标准，且部分标准转化成了北京市的地方标准。其中，北京市低碳农业协会制定发布了监测、核算、核查、评价等标准9项；中关村生态乡村创新服务联盟等制定发布了监测、核算、评价等标准14项。

（二）农业农村减排固碳标准体系构建

1. 思路和目标

全面贯彻落实将碳达峰碳中和纳入生态文明总体布局的决策部署，以保障粮食安全和重要农产品有效供给为前提，以农业农村绿色低碳发展为目标，助力农业生产和农村生活的增效、节能、减污、降碳，提升农业碳汇和可再生能源替代能力，坚持系统观念，遵循标准体系的科学性、导向性，兼顾可操作性和前瞻性原则，建立农业农村领域减排固碳标准体系，研编一批国家、行业、地方标准，完善农业领域温室气体监测、核算方法，形成适宜中国国情的排放因子、监测温室气体排放与减排固碳等温室气体清单，以及排放量、减排量、碳汇量等科学数据支撑，开发农业农村温室气体计量监测方法，完善农业农村温室气体监测体系，发挥标准基础性、引领性作用，提升农业农村减排固碳技术水平和管理效能。

2. 基本原则

保供为基、有序统筹。以保障国家粮食安全和重要农产品有效供给为前提，有序推进农业农村减排固碳，科学谋划减排固碳标准，合理制定标准体系框架，统筹推进与国家农业高质量发展相适应的农业农村减排固碳标准建设。

需求引领、系统布局。结合农业农村减排固碳现状及特点，建立种养业减排、农业碳汇、可再生能源替代等技术的监测、核算、认证的一体化标准体系，同时为以后新技术发展保留一定空间。合理规划标准体系布局，科学规定标准体系范围、边界和标准层级。

创新驱动、急需先行。把握好农业农村减排固碳的前瞻性、系统性和创新性，从农业农村温室气体长期监测与科学核算、减排固碳交易等出发，确定标准体系建设的重点领域，围绕种植业和养殖业减排、农田和渔业碳汇、农村可再生能源替代和气候适应等方面，加快基础共性、关键技术标准的研究制定。

协同推进、协调一致。加强农业农村减排固碳领域国家标准、行业标准、团体标准和地方标准之间的统筹衔接和协调，在"双碳"领域新型标准体系建设的框架下推进农业农村减排固碳标准体系建设。同时也要坚持与国际接轨，统筹"引进来"与"走出去"，提升中国标准与国际标准的一致性程度。

3. 标准体系框架结构

农业农村减排固碳标准体系架构如图 4-1 所示,从标准门类、技术领域、标准层级三个维度进行划分。根据《农业农村减排固碳实施方案》中提出的 6 项任务和十大行动内容,农业农村减排固碳主要技术领域包括稻田甲烷、农田氧化亚氮、反刍动物肠道甲烷、畜禽粪污管理、农机渔机用能及农村生活用能等"排放源",农田草地碳汇、渔业碳汇和可再生能源替代"减排源"。按照标准门类分为核算类、监测类、认证类。按照标准层级分为国家标准、行业标准、地方标准和团体标准。

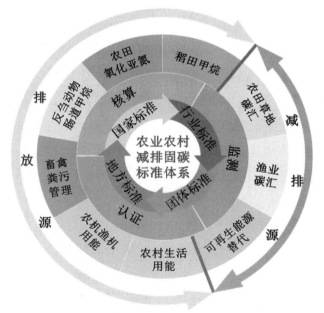

图 4-1 农业农村减排固碳标准体系架构

制定农业农村减排固碳的术语、分类、图形符号标识等基础术语;围绕农业农村减排固碳的重点技术领域,制定通用和专用标准,完善农业农村温室气体排放与减排固碳监测与核算方法,制定农业农村温室气体清单、监测方法和监测指南，研究排放、减排、碳汇核算方法和温室气体报告要求，以及核查、监测与认证标准方法，指导科学测算农业农村领域温室气体排放量、减排量及碳汇量，从国家、部门、地方等各级层面规范农业农村温室气体评估与管理，有效支撑农业绿色、循环和低碳发展。农业农村减排固碳标准制定的需求如表4-7所示。

表4-7　农业农村减排固碳标准制定的需求

序号	拟定标准内容	内容说明
1	农业农村减排固碳术语和分类	已立项,正在制定中。重点规定农业农村温室气体基本术语,以及种植业减排、畜牧业减排、农业碳汇、农机渔机节能、农村可再生能源降碳、农业农村废弃物减排、农业农村减排固碳各领域的监测核算认证等的术语、定义及分类
2	农业农村领域温室气体清单编制规范	部门、项目、企业等各层级。重点规定农业农村温室气体排放/减排源界定、清单编制方法、清单报告格式、质量保证与质量控制等
3	农业农村领域温室气体监测技术规范(11个部分)	包括通则、7个排放源、3个碳汇源/减排源。重点规定温室气体排放的监测范围、监测方法的要求、监测计划的制订、温室气体排放核算参数的监测方法以及数据质量控制
4	农业农村温室气体核算与报告指南(11个部分)	包括通则、7个排放源、3个碳汇源/减排源。重点规定温室气体核算边界、核算方法、核算结果和结果不确定性分析、报告编制要求等
5	基于项目或企业的农业农村温室气体减排量评估技术规范(11个部分)	包括通则、7个排放源、3个碳汇源/减排源。重点规定温室气体减排适用条件、评估基本原则与流程、边界及排放源、基准线情景、减排量计算、监测及数据质量管理、减排量评估报告等
6	农业农村温室气体排放审定与核证技术指南	部门、项目、企业等各层级,各个技术领域的审定与核证,重点规定审定与核证程序、内容和方法等

序号	拟定标准内容	内容说明
7	农业农村领域温室气体报告编制规范	规定部门、项目、企业等各层级的报告编制要求
8	农业农村领域温室气体减排技术规范	包括稻田甲烷、农田氧化亚氮、反刍动物肠道甲烷、畜禽粪污管理、秸秆露天焚烧及农村生活用能等"排放源"
9	农业农村领域碳汇计量监测技术规范	包括农田草地碳汇和渔业碳汇等"碳汇源"。重点规定碳汇计量的原则、监测范围、监测期、监测内容、质量控制等
10	农业农村领域可再生能源减排计量监测技术规范	可再生能源替代"减排源"。重点规定可再生能源温室气体减排计量的原则、监测范围、监测期、监测内容、质量控制等
11	农产品的碳足迹——量化要求和指南	重点规定量化和报告主要农产品碳足迹（CFP）的原则、要求和指南
12	农产品碳标签标识	重点规定农产品碳标签标识的基本原则、标注内容和标注要求
13	农业温室气体排放监测、土壤碳汇计量方法	重点规定 CO_2、N_2O、CH_4 和 NH_3 等计量监测方法
14	农业适应气候变化的原则、要求和指南	

（三）发展建议

农业农村领域既是甲烷和氧化亚氮等非二氧化碳温室气体的主要排放源，又是温室气体重要减排和碳汇源，农业农村温室气体目前仍存在底数不清、监测和核算方法标准体系不健全、认证缺乏指导依据等问题，因此，亟须构建农业农村减排固碳技术标准体系，充分发挥标准基础性、引领性作用，提升农业农村减排固碳技术水平和管理效能。

加强标准系统性总体规划，在国家、行业层面推进农业农村减排固碳标准化工作，系统构建农业农村减排固碳标准体系框架，实现标准体系总体布局的科学、系统和平衡，强化标准体系的统一性、完整性、层次性、协调性和可拓展性。推动成立农业农村减排固碳专业标准化技术委员会，对标准统一规划、归口管理，形成体系完整、结构合理、层次清晰、专业协调、内容全面的组织体系。加强农业农村减排固碳系列标准与国家碳达峰碳中和相关法律法规及政策的衔接，为农业农村减排固碳的技术应用、评估认证、碳交易等标准化提供理论指导和技术支撑。

加快关键领域标准制定与实施，加快基础性、通用性标准制定，推进农业农村重点领域温室气体核算、监测标准出台，制定术语和分类等基础标准，制定温室气体清单编制规范，主要农业农村排放源、减排源和碳汇源的监测评价技术规范，温室气体核算评价及报告编制指南等，实现农业农村温室气体管理体系、减排固碳实施与碳交易、气候投融资等"有标可依"。

提升标准信息化支撑能力，强化标准工作信息化建设，与国家标准信息公告服务平台、农业行业标准信息化平台、团体标准信息公共服务平台等互联互通，提升标准在立项、实施、复审等各个环节的工作效率。

培育减排固碳标准化人才，面向农业农村领域减排固碳科技前沿、农业绿色低碳发展的重大战略需求、农业高质量发展主战场，培养一批复合型人才，培育具有农业农村领域减排固碳科研攻关和标准化能力的专业人才，为助力碳达峰碳中和目标实现，提供科技人才保障和智力支持。

加强标准国际化拓展，加强领域内国内、国外先进技术标准对标对表，推进中外标准协调一致，推动合格评定合作和互认，提高标准水平与应用效能，为对外贸易合作做好有效衔接，增强国际话语权。积极跟踪国际标准，参与国际区域标准化活动，加强标准信息共享，拓展标准化交流合作，积极参与国际农业农村碳排放核算方法研究，参与农业领域碳定价机制和绿色金融标准体系构建。

提升社会参与度和认知度，通过政策法规、主体培育、宣传培训等多种方式，调动广大农民、市场主体、社会公众参与积极性。加强减排固碳科学普及，开发一批公众喜闻乐见的科普作品，提高公众认知和意识。倡导绿色低碳生产生活方式，增强节约意识、生态保护意识，形成全社会共同参与农业绿色低碳的良好风尚，助力实现碳达峰碳中和目标。

二　监测体系建设的现状与进展

农业作为我国重要的非二氧化碳温室气体（主要包括甲烷和氧化亚氮）排放源，兼具碳源角色和碳汇功能（谢立勇等，2022），农业农村碳汇主要包括农田和渔业碳汇（霍丽丽等，2023）。农业部门GHG 排放占全球 GHG 排放总量的比重仅次于能源部门（王昌海和谢梦玲，2023）。因此，农业农村减排固碳对我国"双碳"目标实现至关重要。不论是减排固碳技术筛选还是温室气体排放核查，都需要科学监测体系作为支撑。《巴黎协定》建议利用可监测、可报告、可核查的"三可" MRV（Measurement，Reporting and Verification）方法体系，建立一个透明的框架来监测国家温室气体排放变化。

（一）国外监测体系建设现状

发达国家最早开创了野外观测与试验事业，积极研究和探索推进野外科学观测试验台站建设和发展的机制（高峰，2012）。20 世纪末，气候变化等全球可持续发展问题已成为世界各国共同关注的重大科学挑战，单一国家主导的科学观测网络已经不足以全面揭示多学科交叉、多要素关联、多系统互作的全球变化系统。因此，联合国粮食及农业组织（Food and Agriculture Organization of the United Nations，FAO）、联合国环境规划署（United Nations Environment Programme，UNEP）、世界气象组织（World Meteorological Organization，WMO）等国际组织主导实施了一系列跨政府科学研究计划，科学观测网络化进一步升级为全球尺度的观测系统（杨帅等，2020）。国外监测体系发展较国内更早、更快，有多个监测期长达数十年的全球长期通量观测网络。

1989 年由 WMO 组建的全球大气观测网（GAW），是目前全球最大、功能最全的国际性温室气体浓度监测网络体系，目前已有 80 多个国家参与，由 30 个全球站、400 多个区域站，以及 100 个左右其他网络运行的数据贡献站点所组成，开展温室气体的 200 多种要素的长期监测（吕桅桅，2012）。美国、欧洲和加拿大等国家和地区分别建立了 IMPROVE、EMAP、CAPMoN 观测网络，监测诸如温室气体等大气成分的变化。尽管 GAW 存在站点地理分布不均，多集中在发达国家的问题，但国际社会引用的全球温室气体浓度资料主要还是来自 GAW（吕桅桅，2012）。

1992 年由 WMO、UNESCO、UNEP、ICSU 共同发起和组织建设的全球气候观测系统（Global Climate Observing System，GCOS），由陆地气候监测系统、海洋气候监测系统和大气气候监测系统构成，能够为监测、模拟以及预测气候系统，探测和评估气候变化的影响，提供所需的综合数据，从而深入地了解气候系统的化学、物理与生物特征及其演变（高峰，2012）。整个气候系统都是 GCOS 的主要研究对象，其研究对象既包括陆地的、海洋的、大气的、冰层的和水文的系统，也包括各种化学的、物理的、生物的过程。GCOS 的目标是监测气候系统，监测和响应气候变化，改进对气候系统的预测、模拟及理解的研究；收集国家经济发展决策所需的气候数据；发展服务于气候预报的监测系统（高峰，2012）。

1998年，由美国国家航空航天局牵头组建的全球长期通量观测网络（FLUXNET）（于贵瑞，2006），其观测期已超过20年，并且是覆盖范围最广的温室气体通量塔网络，由美国、欧洲、澳大利亚、加拿大、日本、韩国和中国7个主要区域网络及一些专项研究计划组成（于贵瑞和孙晓敏，2008），整合了全球500多个通量塔站点（刘海江等，2014），但其中提供数据共享的农田生态系统观测点仅有28个。FLUXNET最初以观测陆地生态系统二氧化碳和水汽净交换量为目标（Wilson等，2002），农田生态系统因受高强度的人为活动的影响，碳源和碳汇功能差异很大（Wilson等，2002）。在2010年前后，FLUXNET的部分实验站开始为通量塔加装甲烷传感器，逐步开展更加全面的温室气体通量观测。

另外，许多发达国家也在采取适当强制措施来监督温室气体减排工作的实施。如英国在2008年颁布了《气候变化法》，要求制定温室气体强制报告制度、温室气体自愿报告制度和温室气体交易监测报告制度。英国环境、食品和农村事务部与能源和气候变化部合作颁布了英国企业和组织衡量和报告温室气体排放的指导，并对监测和排放量等提出要求，企业应当长期监测排放，每月或每季度汇报排放量，将整体减排目标分散到各部门、地方，形成具体减排目标（丁剑，2014）。2007年9月，澳大利亚联邦政府通过了《国家温室气体与能源报告法案（2007）》。2009年3月和6月，分别制定了《国家温室气体与能源报告条例》和《国家温室气体与能源报告（方法）决定》，主要规定了估算温室气体的方法，包括清单估算方法和通过连续或定期排放监测具体测量设施的排放（丁剑，2014）。2009年10月，美国环境保护署EPA颁布GHG—MRR排放报告门槛，要求对各个部门中高于相应阈值的温室气体排放量进行强制报告，通过安装并运行规定的连续监测系统（CEMS）在线监测每小时的排放量（丁剑，2014）。

近十年来，随着探测仪指标和反演方法的不断改进，探测精度逐步提高，碳监测卫星技术及应用已经有了一系列的发展和改进。日本2009年发射的GOSAT（赵敏等，2012）、美国2014年发射的OCO-2（Orbiting Carbon Observatory-2）（NASA发布），均采用搭载短波红外吸收带作为探测波段的星载探测器，观测数据已经被广泛用于全球碳源汇的计算。

另外一个具有国际影响力的典型观测网络就是全球综合地球观测系统（Global Earth Observation System of Systems，GEOSS）。GEOSS是2003年由联合国、欧盟、美国环境规划署等单位组织，100多个国家政府和组织参与搭建的政府机构、学术研究机构、数据提供商、企业、科研工作者共用共享的全球性观测网络。GEOSS建立了部长峰会、全会、执行委员会、秘书处为框架的组织管理机制，并在此框架下形成了非洲、美洲、亚洲、欧洲4个子倡议框架以推动区域性协同观测。GEOSS聚焦农业系统、能源、农业等9个"社会受益领域"（SBA），并通过"十年执行计划"以超前理念引领了地基（观测台站）、机载（传感器）与天基（卫星遥感）相融合的立体集成式观测模式的发展（傅伯杰等，2007；杨帅等，2020）。

（二）国内监测体系建设现状

国家农业科学观测实验站作为我国农业科技创新体系的重要组成部分，也是开展农业农村减排固碳监测和研究的基本单元，具有不可替代的作用（高峰，2012）。中科院主导建设的中国生态系统研究网络（Chinese Ecosystem Research Network，CERN），中国农科院主导建设的全国土壤肥力监测网络，科技部、农业农村部相继整合形成的国家野外科学观测试验站体系、学科群观测实验站体系以及现代农业产业技术实验站体系等不同侧重点的观测网络，为我国培育观测监测人才队伍、建立完善的农业科学监测体系、系统积累农业科学观测数据做出了积极探索（杨帅等，2020）。

　　早在 20 世纪 60~70 年代，农业农村部先后投资建设了湖南祁阳、山东德州等以农业资源环境监测为主的观测实验站（熊明民，2015）。20 世纪 80 年代后，国家进一步加快部分涉农观测体系的建设步伐。2005 年以来，为加快农业科学技术创新，获取长期、稳定、直接、综合的农业科研原始资料和基础数据，农业农村部开始在全国开展农业野外科学观测试验站建设工作，陆续布局了野外科学观测试验站、学科群农业科学观测实验站、现代农业产业技术体系综合试验站（刘建安，2020）。2005 年和 2008 年两批共评审命名了 68 个农业农村部野外科学观测试验站，其中，部属三院 32 个、教育部大学 7 个、省属科研及教学单位 29 个（王启现和卢迪，2021）。2017 年，我国农业农村部启动农业基础性长期性科技工作，系统布局了 1 个农业科学观测数据总中心和 10 个农业科学观测数据中心（杨帅等，2020）。按照统一部署、系统布局、整合资源、分批实施、稳定支持的原则，组建了由 132 个国家农业科学观测实验站组成的科学观测网络。其中国家农业环境数据中心针对农业农村减排固碳需求，在"十四五"观测任务书中重点设置了温室气体通量观测任务，组织了 22 个国家农业环境观测实验站开展长期定位观测（杨帅等，2020）。

　　1999 年，科技部启动国家野外科学观测研究站试点建设工作，共布局建设了 105 个国家野外站，形成了生态系统、特殊环境与大气本底、地球物理、材料腐蚀 4 个类型的野外观测研究站网络（高峰等，2011），其中，在农田生态系统建设了 20 个国家野外站（万钢，2009；熊明民，2015）。2018 年 6 月，科技部正式印发了《国家野外科学观测研究站管理办法》，对国家野外科学观测研究站的功能定位、职责任务进行了梳理、明确，并将农学单独列出来，与生态学、地学、环境科学等学科领域并列纳入支持范围。2019年6月，科技部会同财政部研究制定了《国家野外科学观测研究站建设发展方案（2019—2025）》，明确要求围绕保障国家粮食安全、促进农业绿色安全高质量发展等重大战略需求，系统布局农田和农业生态系统、农业资源高效利用、农业环境监测与保护、农业动植物种质资源与病虫害防控等国家野外站（刘建安，2020）。

根据"全球气候观测系统计划"建议，我国于2002年成立了"全球气候观测系统（GCOS）中国委员会"和GCOS中国委员会专家组，负责协调我国在气候监测方面的行动并参与"全球气候观测系统计划"，编制了《中国气候观测系统实施方案》。根据实施方案的要求，我国大气监测系统主要是对大气成分的监测以及对气候、气象的监测。2002年，我国以中国科学院生态系统研究网络为依托的中国陆地生态系统通量观测研究网络（简称"中国通量观测研究网络"，ChinaFLUX）也正式建成，采用微气象学的涡度相关技术和色谱法等技术手段，对我国典型陆地生态系统温室气体通量进行长期观测研究，观测站点数量已达79个，包括18个农田站。2016年以来，我国先后发射全球二氧化碳科学实验卫星（熊伟，2019）、风云三号气象卫星D星、高分五号卫星（刘毅等，2021），这些卫星均搭载了高光谱温室气体探测仪，开展全球大气二氧化碳等温室气体浓度探测科学试验。

（三）研究进展与不足

近年来，伴随着网络和信息技术的飞速发展，人们越来越深刻地认识到单站观（监）测存在的局限性，全球科技界开始高度重视多站联网观测，国外科学观测试验台站逐渐向全球化、网络化的方向发展（高峰，2012）。目前发达国家乃至国际组织已在土壤、海洋、荒漠、极地等不同环境下，构建了农业、地磁、大气、气象等诸多领域的观（监）测网络。针对农业农村温室气体系统的科学观测网络更是发挥出了网络级协同组织管理、观测数据标准规范一体化、对外开放共享应用等方面的建制化优势，为突破传统单一观测试验站点在学科性、区域性、融合性方面的局限探索了有效路径，已成为人类对农业系统科学问题、产业问题、方法问题开展研究的新型综合性平台（杨帅等，2020）。

　　但我国"十四五"时期才开始进入农业碳排放监测体系的建设期。主要目标是监测体系方法学的建立，以及观测网络构建。监测方法学重点关注监测对象的尺度效应，也就是温室气体排放监测方法由监测对象的空间尺度所决定。国内目前对于家畜个体或农田样地尺度的温室气体排放观测多采用箱式法，通过制造密闭空间（林茂，2012），采集测定一段时间内的温室气体浓度，获得温室气体排放数据。若是局地尺度，则以涡度相关法为主（林茂，2012），架设通量塔通过传感器测定垂直风速与大气中温室气体浓度脉动量的协方差来确定一定范围的地面与大气之间的温室气体通量，能够长期连续观测一定区域内的温室气体通量，通量塔获取的数据连续性最好，但建设成本较高，且要求一定观测范围地表的均质性。这两种方法所获得的观测数据均可用于温室气体排放因子的计算和修正，通过温室气体清单这种"自下而上"的方法对各部门产生的温室气体进行量化。另外的区域尺度研究，则可通过"自上而下"的方法根据大气中温室气体浓度变化来评估各国乃至全球温室气体排放或吸收量（周凌晞等，2008）。目前主要有两种方法，一是气象观测系统中的大气温室气体本底浓度监测，通过多站点温室气体浓度变化来评估模拟温室气体的排放和吸收量；二是利用卫星高光谱短波红外波段遥感数据反演大气中的温室气体浓度，可为国家排放清单进行验证补充（Masarie 等，1995；Gloor 等，2000），全球范围有约 10 颗碳监测卫星开展对地观测，在温室气体通量的反演方面尚处于探索提升阶段，尚未实现大范围的推广应用（周凌晞等，2008）。同时在不同尺度温室气体通量研究上建立不同的监测标准，构建全国范围的农业农村减排固碳监测网络，初步实现不同尺度的温室气体排放和农田土壤固碳能力的长期定位监测。"十五五"时期为我国农业碳排放监测体系的发展运行期。通过温室气体排放和农田土壤固碳能力的监测，为农业农村领域温室气体吸收/排放监测、报告和核查（MRV）技术体系提供支撑（夏玲君等，2020）。开展监测技术研发，实现农业农村减排固碳的自动化在线监测，以及"天空地"跨尺度监测、验证和数据融合（周凌晞等，2008）。

我国目前在农田有机碳库监测方面已具备完整、系统的观测基础。农业农村部耕地质量监测保护中心组织全国各级农业农村部门已建立国家级耕地质量长期定位监测点1052个、省级监测点3000多个、地级监测点2000多个、县级监测点9000多个，已建立起国家、省、市、县四级耕地质量监测网络（农业农村部发布）。实现农业领域多学科协同观测的大联网，并已积累全国范围耕地土壤有机质、容重等关键指标，为监测我国农田土壤有机碳库打下良好基础。据2009年6月第一次全国野外科技工作会议统计，全国现有各级各类野外试验台站7500多个，其中约92%（6900个）是野外观测或监测台站，约8%（600个）是野外观测研究试（实）验台站（高峰等，2011）。这些台站涉及各类生态系统观测研究、基础农学（土、水、肥、草、作物等）观测试验、气象观测、大气本底观测以及一些多学科综合观测研究等（高峰等，2011），已成为我国科学研究中必不可少的一个重要组成部分和重要的科技创新、技术开发与实践教学基地。但是，目前我国野外科学观测试验台站分布整体上不够均衡，个别区域和学科领域分布较密，而某些重要学科领域和区域布局又过于稀疏，甚至空白，区域和学科布局有待进一步优化调整。

经过几十年的建设，我国农业野外科学观测试验站建立了一支相当规模的观测与研究队伍，培养造就了一批优秀科学家，培育了宝贵的野外科学精神，已成为国家农业科技创新体系的重要支撑（刘建安，2020）。2009 年，科技部对在野外科技工作中做出突出成绩的个人和集体予以表彰，授予 20 名同志"全国野外科技工作突出贡献者"称号，其中，农业领域野外科技专家 7 人，占总数的 1/3（辛红霞等，2017）。

尽管我国农业观测网络建设取得了阶段性进展，但与国际先进农业观（监）测网络、国家"十四五"时期农业高质量发展的重大观测需求相比，存在起步晚、基础弱、谋划少等问题（杨帅等，2020）。加之我国针对农业农村减排固碳领域的监测体系尚未完全建立起来，通量观测网络和大气温室气体浓度观测网络均难以实现对农业农村领域开展针对性的温室气体排放监测（王昌海和谢梦玲，2023）。另外，一方面，国外针对农业活动的温室气体排放监测体系以企业或农村为单位进行报告，而我国以农户为经营主体的现状难以借鉴这种方式，但可以将其用于规模化合作组织和企业的温室气体排放监测；另一方面，监测方法也多为清单估算，而鲜有基于实测的监测应用（赵敏等，2012；马翠梅等，2013；丁剑，2014）。虽然我国完成了多次气候变化国家信息通报及更新报告的编制工作，已建立起相对成熟和完整的国家温室气体排放清单编制体系。但是基于生产统计数据"自下而上"的估算方法仍较为粗放，结合我国复杂的农业生产活动，其估算结果具有较高的不确定性（王昌海和谢梦玲，2023）。因此我国农业基础性长期性科技工作仍处于起步阶段。目前，农业碳排放监测体系尚无统一的标准、方法，现有各尺度方法均存在局限性，监测站点网络覆盖度有限，这些都是限制我国农业碳排放监测体系建设的瓶颈（赵敏等，2012；王昌海和谢梦玲，2023）。

科学观测网络已成为以观测技术手段为依托，系统性开展各类农业系统的本底信息收集、动态过程机理机制研究、多类要素互作关系与演变趋势探索乃至全球可持续性发展策略制定等方面工作的科学网络平台体系（傅伯杰等，2007）。推动我国农业农村减排固碳监测网络化发展也是必然趋势。国际化的农业科学观（监）测网络发展理念值得借鉴。首先，高度重视网络化运行制度建设。不同观测网络结合各自国情，大多建立起了以"决策—咨询—执行"为核心的管理体系，特别注重观测选题、跨学科联合、数据共享共用等核心职能的岗位设置和协作机制，并通过立法等形式确定，以保障网络化观测工作长期有序开展（杨帅等，2020）。我国农业科学监测网络的数据体系建设仍处于初级阶段，各学科间的数据融合研究有待取得实质性突破，亟须进一步统一各学科间监测标准体系（杨帅等，2020）。标准化规范是发挥观测建制优势的核心。监测网络组织相关领域科学家制定了统一的网络级监测实验方案，在观测方法、仪器运维、数据采集与共享应用等方面建立标准规范体系。其次，整合基础，构建网络，强化监测。目前，我国的农业科学监测实验站依然按照传统分领域进行纵向条块化管理，不同领域各实验站之间的协同观测路径尚未打通，亟须加强各观测实验站间的有机整合、打破学科领域壁垒、提升观测综合效能，实现跨学科联合观测、联合分析，以及观测成果的共享共用，加快建设数据开放共享门户（刘建安，2020；王昌海和谢梦玲，2023）。王兮之和葛剑平（2004）于2002年8~10月对国家野外科学试验台站（试点站）的数据信息、共享程度、标准化以及管理等现状进行调查。结果表明，25个台站共有数据集216个，其中森林、农业领域的数据占80%以上；1/5的试验台站没有建成局域网，只有14个台站建立了自己的主页；仅有16%和20%的台站收集的数据分别是国际标准和国家标准；52%的台站同时使用观测、野外调查、室内分析和资料汇编4种方式采集数据；有15个台站部分或完全以Excel形式存储数据；只有32%的台站可提供部分或全部的免费数据共享服务。数据开放共享能够促进监测网络发展的良性循环。组建负责数据开放共享的专业团队，并依托强大的数据信息基础设施，建立了"观测网络+实验站"一体化的观测数据开放门户，全面展示观测网络的观测标准、元数据、观测数据、科学数据集和学术专著以及代表性成果。通过数据共享程度的不断提升，实现标准化数据产品和科学观测成果的持续产出（杨帅等，2020；刘建安，2020）。彻底打通数据融合的底层渠道，真正实现各学科领域观测数据的有机联系。为深度挖掘观测数据潜在价值夯实平台基础。再次，加强技术研发。目前的监测实验站在能力水平方面参差不齐，亟须将国际观测网络广泛应用的新技术、新方法融入国家农业科学观测实践中去，破除观测数据采集质量和效率提升的潜在障碍因素，加快农业科学观测数据向大数据时代迈进的历史进程（Delgado 等，2018）。最后，明确监测对象和监测目标，确定减排固碳监测范围。整合现有监测资源，避免重复建设，保障监测体系的科学性。开展多部门合作，争取多方面资金支持也是重中之重。我国科学观测试验台站资金来源不稳定、不固定，基础设施建设体系不完善，基地的基本建设和装备、技术更新速度跟不上经济和科技发展的实际需求（高峰，2012）。

从全球农业科学监测体系发展进程来看，监测体系呈现单一站点、监测网络、监测系统三个典型发展阶段（杨帅等，2020）。并且纵观监测工作网络化发展的历史，总体呈现三大进步：一是研究焦点由具体问题向基础性监测大数据收集、整理与应用转变；二是组织特征由站点独立自主研究向联网观测协同研究升级；三是研究方式由传统单一领域的"监测—记录—分析"向自然农业、社会经济、生产要素多领域深度耦合，数据共享与集成程度逐步深化（杨帅等，2020）。基于此，加快农业科研监测体系建设和发展，也必将在深度落实农业农村减排固碳工作、深入推进农业领域碳达峰碳中和科学研究、强力支撑政府决策方面发挥重要作用。同时，积极开展科技服务和成果转化等工作，也将利于"建设一流基地、支撑科技创新、服务区域发展"。

（四）监测体系建设的对策建议

通过系统、科学地开展温室气体和耕地土壤有机碳库动态监测，建立农业碳排放监测体系，是对农业农村领域碳达峰碳中和目标实现的有力支撑。同时开展农业生产要素及其动态变化的系统观测，阐明要素间联系及其发展规律，为我国农业科技创新、农业农村绿色发展以及管理决策提供科学数据支撑。

1. 总体思路

农业碳排放监测体系建设的总体思路是：建立完善不同尺度的农业农村减排固碳监测指标、关键参数，探索研究天地空一体化监测与精准评估技术，在不同区域、不同生产场景布局观测站点，通过条件能力建设形成科学统一的观测网络，开展温室气体排放和农田土壤固碳能力长期定位监测，进行常态化分析评估。

2. 发展目标

通过农业碳排放监测体系建设实现对我国农业温室气体排放和农田土壤固碳能力的长期定位监测，有助于对我国农业领域碳排放进行"自下而上"核算，形成"自上而下"观测的双向支撑。

"十四五"时期为农业碳排放监测体系的建设期。主要目标是监测体系方法学的建立，以及观测网络构建。监测方法学重点关注监测对象的尺度效应，在局地尺度分别建立种植业和养殖业的监测标准，在区域尺度上建立适用于监测一定空间范围农业活动的温室气体通量的监测标准。构建全国范围的农业农村减排固碳监测网络，初步实现不同尺度的温室气体排放和农田土壤固碳能力的长期定位监测。

"十五五"时期为农业碳排放监测体系的发展运行期。通过温室气体排放和农田土壤固碳能力的监测，为农业农村领域温室气体吸收/排放监测、报告和核查（MRV）技术体系提供支撑。开展监测技术研发，实现农业农村减排固碳的自动化在线监测，以及天空地跨尺度监测、验证和数据融合。

3. 主要任务

（1）统一方法，建立标准

开展农业碳排放监测方法学研究，在局地尺度分别建立种植业和养殖业的监测标准，兼顾水田和旱地、放牧和饲养，建立可用于农业农村减排固碳技术筛选和推广应用效果验证，以及提升农业活动温室气体清单针对性的监测方法，在区域尺度上实现"自上而下"观测农业活动温室气体通量动态，可用于验证温室气体清单结果的监测方法。进而制定行业标准，统一规范农业碳排放监测。

（2）整合基础，构建网络

整合农业农村领域内现有观测实验站、监测点，并根据监测需要新建监测点，通过条件能力建设统一来提升监测硬件水平，通过培训统一监测方法、提升监测软件水平，构建农业碳排放监测网络。

（3）开展监测，支撑核算

在局地尺度上针对种植业和养殖业不同管理模式、种植和养殖方式及模式开展温室气体排放和农田土壤固碳能力的长期定位监测，为温室气体清单排放因子的计算和修正积累基础数据。重点开展减排固碳技术应用效果监测，为技术筛选提供科学支撑。

（4）技术研发，强化监测

通过监测技术研发和多尺度数据融合探索，提升局地尺度温室气体通量观测的自动化水平，建立在线监测实时上报的数据汇交平台，发展无人机温室气体遥感监测技术，形成天空地跨尺度监测体系。

4. 有关政策建议

明确监测对象和监测目标，确定农业碳排放监测范围。整合现有监测资源，避免重复建设。开展多学科联合攻关，保障监测体系的科学性。开展多部门合作，争取多方面资金支持。

（1）引导监测方法学研究，制定行业标准

通过谋划相关行业标准研究，设置农业碳排放监测方法学研究课题，在当前监测技术框架下，制定监测指标，确定监测方法和标准，建立科学、统一、可比的监测标准体系，形成行业标准。

（2）整合资源，建立监测网络

挖掘已有农业观测资源，充分发挥农业农村领域现有监测网络优势，包括国家农业科学观测实验站、产业技术体系实验站、学科群实验站、耕地质量监测点等，促进资源整合和数据共享，避免重复建设。

（3）建立上报机制，形成常态化监测模式

建立多层级农业农村温室气体排放和农田土壤固碳能力上报机制，形成"自下而上"的常态化监测模式。结合减排固碳技术示范验证、温室气体清单核算、关键区域或重点领域专项监测，以专项任务形成"自上而下"的专项监测模式。

参考文献

［1］ Costanza R., Mcglade J. and Lovins H., et al., "An Overarching Goal for the UN Sustainable Development Goals", 2014.

［2］ Jorge A. Delgado, Bruce Vandenberg and Nicole Kaplan, et al., "Agricultural Collaborative Research Outcomes System (AgCROS)：A Network of Networks Connecting Food Security, the Environment, and Human Health", *Journal of Soil and Water Conservation*, 2018, 73 (6).

［3］ Manuel Gloor, Song-Miao Fan and Stephen Pacala, et al., "Optimal Sampling of the Atmosphere for Purpose of Inverse Modeling：A Model

Study"，*Global Biogeochem Cycles*，2000，14（1）.

［4］Tomáš Hák，Svatava Janoušková and Bed řich Moldan，"Sustainable Development Goals：A Need for Relevant Indicators"，*Ecological Indicators：Integrating，Monitoring，Assessment and Management*，2016，60.

［5］Hermann Kaufmann，Stefan Krötsch and Stefan Winter，*Manual of Multistorey Timber Construction：Principles-Constructions-Examples*，München：DETAIL，2022.

［6］Kenneth A. Masarie，Pieter P. Tans，"Extension and Integration of Atmospheric Carbon Dioxide Data into a Globally Consistent Measurement Record"，*Journal of Geophysical Research*，1995，100（D6）.

［7］Velychko O.，Gordiyenko T.，"The Use of Guide to the Expression of Uncertainty in Measurement for Uncertainty Management in National Greenhouse Gas Inventories"，*International Journal of Greenhouse Gas Control*，2009，3（4）.

［8］Kell B. Wilson，Allen H. Goldstein and Eva Falge，et al.，"Energy Balance Closure at FLUXNET Sites"，*Agricultural and Forest Meteorology*，2002，113.

［9］丁剑：《温室气体排放监测统计制度的国内外发展形势》，《黑龙江科学》2014 年第 2 期。

［10］董文福、刘泓汐、王秀琴、劳月娥、殷培红：《美国温室气体强制报告制度综述》，《中国环境监测》2011 年第 2 期。

［11］傅伯杰、牛栋、于贵瑞：《生态系统观测研究网络在地球系统科学中的作用》，《地理科学进展》2007 年第 1 期。

［12］高峰、孟宪学、张雨、李宁、王艳娜、王琛：《西部干旱区农业野外科学观测试验台站发展现状》，《干旱区地理》2011 年第 6 期。

［13］高峰：《西部干旱区农业野外科学观测试验台站发展研究》，博士学位论文，中国农业科学院，2012。

［14］霍丽丽、姚宗路、赵立欣、罗娟、张沛祯、张心怡：《我国农业农村减排固碳标准现状与体系构建》，《农业环境科学学报》2023 年第 2 期。

［15］ 焦小平：《欧盟温室气体排放监测与报告指南》，中国财政经济出版社，2012。

［16］ 中华人民共和国中央人民政府：《科技部关于印发〈国家野外科学观测研究站管理办法〉的通知》，https：//www.gov.cn/gongbao/content/2018/content_ 5346686.htm，2020 年 5 月 25 日。

［17］ 林茂：《土壤温室气体通量测定方法的比较和评价》，《湖南农业科学》2012 年第 9 期。

［18］ 刘海江、孙聪、齐杨、何立环、彭福利、于洋：《国内外生态环境观测研究台站网络发展概况》，《中国环境监测》2014 年第 5 期。

［19］ 刘建安：《新形势下推进农业野外科学观测试验站建设的思考》，《农业科技管理》2020 年第 4 期。

［20］ 刘毅、王婧、车轲、蔡兆男、杨东旭、吴林：《温室气体的卫星遥感——进展与趋势》，《遥感学报》2021 年第 1 期。

［21］ 吕桅桅：《主要温室气体监测研究现状》，《科技与企业》2012 年第 20 期。

［22］ 马翠梅、徐华清、苏明山：《温室气体清单编制方法研究进展》，《地理科学进展》2013 年第 3 期。

［23］ 中华人民共和国农业农村部：《农业部办公厅关于确定第一批国家农业科学观测实验站的通知》，https：//www.moa.gov.cn/gk/tzgg_ 1/tfw/201802/t20180201_ 6136233.htm，2020 年 5 月 25 日。

［24］ 中华人民共和国农业农村部：《农业农村部办公厅关于确定第二批国家农业科学观测实验站的通知》，http：//journal.crnews.net/nybgb/2019n/dqq/tzjd/929257_ 20190819111341.html，2020 年 5 月 25 日。

［25］ 万钢：《统一思想提高认识努力开拓我国野外科技工作的新局面》，《中国基础科学》2009 年第 4 期。

［26］ 王昌海、谢梦玲：《完善农业农村减排固碳制度体系的创新思路》，《中国国土资源经济》2023 年第 10 期。

［27］ 王启现、卢迪：《农业科研观测试验网络建设初探》，《农业科技管理》2021 年第 3 期。

［28］ 王兮之、葛剑平：《国家重点野外科学观测试验站数据信息现状分析》，《北京师范大学学报》（自然科学版）2004 年第 1 期。

［29］夏玲君、孔萍、李柏贞、占明锦：《江西省温室气体监测及关键领域碳排放核算工作进展》，《气象与减灾研究》2020 年第 2 期。

［30］谢立勇、杨育蓉、赵洪亮、郭李萍、靳泽群、杨扬、何雨桐：《"双碳"战略背景下农业与农村减排技术路径分析》，《中国生态农业学报（中英文）》2022 年第 4 期。

［31］辛红霞、华秀红、万云龙：《关于农业科研院所基层党建工作创新的实践与思考》，《农业科技管理》2017 年第 5 期。

［32］熊明民：《加强我国农业科技基础性长期性数据监测工作的建议》，《农业科技管理》2015 年第 5 期。

［33］熊伟：《"高分五号"卫星大气主要温室气体监测仪（特邀）》，《红外与激光工程》2019 年第 3 期。

［34］杨帅、周国民、庄严：《国际农业科学观测工作网络化发展的经验与启示》，《农业大数据学报》2020 年第 4 期。

［35］于贵瑞、孙晓敏：《中国陆地生态系统碳通量观测技术及时空变化特征》，科学出版社，2008。

［36］于贵瑞：《中国陆地生态系统通量观测研究网络（ChinaFLUX）的研究进展及其发展思路》，《中国科学：地球科学》2006 年第 S1 期。

［37］赵敏、胡静、汤庆合、李立峰、戴洁：《温室气体监测研究进展及对我国的启示》，《环境科技》2012 年第 4 期。

［38］中华人民共和国农业农村部：《农业农村部对十三届全国人大二次会议第 4937 号建议的答复》，https：//www.moa.gov.cn/govpublic/ncpzlaq/201911/t20191111_6331602.htm，2023 年 12 月 29 日。

［39］周凌晞、刘立新、张晓春、张芳、姚波、温民、许林、方双喜：《我国温室气体本底浓度网络化观测的初步结果》，《应用气象学》2008 年第 6 期。

第五章
低碳发展典型案例

摘　要：　国家碳达峰碳中和战略和《农业农村减排固碳实施方案》为我国农业农村低碳发展指明了方向，为构建农业农村减排固碳与粮食安全、乡村振兴、农业农村现代化统筹融合的格局，农业科研、产业发展的主体都在开展积极的尝试，努力探索农业农村低碳发展路径。本章通过实践案例剖析，介绍了我国固碳减排技术模式综合应用推广示范的进展。

　　为深入贯彻落实《中共中央　国务院关于完整准确全面贯彻新发展理念做好碳达峰碳中和工作的意见》《农业农村减排固碳实施方案》《国家适应气候变化战略2035》等部署要求，强化实用技术推广应用和典型案例示范引领，更好地推进农业应对气候变化，有力支撑我国碳达峰碳中和工作，农业农村部科学技术司开展了农业应对气候变化实用技术和典型案例征集工作。

　　青年团队挑大梁当主角，引领低碳基础理论和应用技术创新。2023年8月，中共中央办公厅、国务院办公厅联合印发《关于进一步加强青年科技人才培养和使用的若干措施》，明确要支持青年科技人才在国家重大科技任务中"挑大梁""当主角"。"绿色低碳农业"主题青年创客坊活动中涌现了一大批青年创新团队，引领了我国农业农村低碳基础理论研究和应用技术创新热潮。水木孟电公司研发碳中和蔬菜工厂，利用工业余热对蔬菜工厂进行环境温度控制，将发电厂燃烧煤炭产生的二氧化碳引入蔬菜工厂，实现工业和农业的产业融合。该技术在河南省辉县得到了实地验证。随着"双碳"战略的实施和创新驱动发展战略的推进，未来将会有更多青年团队开展创新研发，助推农业低碳基础理论实现重大突破。

一 农业应对气候变化典型案例

习近平总书记在党的二十大报告中提出要推动绿色发展，促进人与自然和谐共生。2022年中央一号文件首次将农业农村绿色发展放到了"聚焦产业促进乡村发展"的议题中，这说明我国农业农村绿色发展实现了从污染治理到产业发展的阶段性转变。为深入贯彻落实《中共中央 国务院关于完整准确全面贯彻新发展理念做好碳达峰碳中和工作的意见》《农业农村减排固碳实施方案》《国家适应气候变化战略2035》等部署要求，强化实用技术推广应用和典型案例示范引领，更好地推进农业应对气候变化，有力支撑我国碳达峰碳中和工作，农业农村部科学技术司开展了2023年度农业应对气候变化典型案例征集工作，围绕农业应对气候变化有关任务要求，提炼形成可借鉴、可推广的做法经验，内容真实、主题突出、特点鲜明、文字精练。征集范围包括种植业节能减排、畜牧业减排降碳、渔业减排增汇、农田固碳扩容、农机节能减排等。本报告优选了其中三个典型案例，简介如下。

（一）猪肉食品行业全产业链降碳

1. 基本情况

牧原实业集团有限公司（以下简称"牧原"）位于河南省南阳市，始建于1992年，历经30多年发展，现已形成集饲料加工、种猪育种、商品猪饲养、屠宰肉食于一体的猪肉食品产业链。主要产品有商品猪、种猪、仔猪和猪肉。员工14万人，子公司300余家，旗下牧原食品股份有限公司于2014年上市，养猪业务遍及全国24省（区）103市217县市区，2022年出栏生猪6121万头。牧原肉食布局全国11省22市26县，成立26家屠宰子公司，产能2900万头，销售覆盖22省77县市区。2022年总资产2150亿元，营业收入1248.26亿元。

多年来，牧原始终秉承"让人们吃上放心猪肉"的美好愿景，致力于打造安全、美味、健康的高品质猪肉，让人们享受丰盛人生。

2. 主要做法和成效

牧原始终坚持环境友好的经营方式，持续创新环保工艺，研发应用及推广一系列技术。牧原成立可持续发展委员会，下设碳资源管理团队，制定企业低碳发展行动纲领，全面评估猪肉产业可持续发展生态，推动行业绿色低碳发展。

（1）企业低碳发展行动纲领

第一阶段——碳减排：不断提升低碳猪肉生产水平，加强内部管理，强化减排措施，将碳减排融入各个业务环节，促进可持续发展。

第二阶段——碳品牌：明示猪肉低碳内涵，鼓舞带动猪肉食品行业低碳发展，创建低碳品牌形象，向世界展示中国绿色猪肉食品生产可持续发展新篇章。

第三阶段——碳增益：积极参与碳金融市场，推进生态与产业融合，用绿色提升经济成色，用经济提升绿色水平，用活"两山论"，实现产业的高质量发展。

第四阶段——碳服务：协助鼓励行业上下游开展碳减排行动，尝试采用技术咨询服务和 ESG 金融投资等形式，支撑行业上下游伙伴低碳技术升级，促进全产业链绿色低碳发展。

第五阶段——碳净零：以科学可行的方法助力猪肉食品产业链低碳发展，创造更可持续的未来。

（2）技术体系

1）节能减排方面

氮减排—低蛋白日粮：牧原自 2000 年起，针对不同品种、不同类型、不同生长阶段猪群探索最适的营养需要，探索建立并不断完善牧原猪营养标准。当前已实现在养殖端通过变频混合技术将高浓度氨基酸日粮和低浓度氨基酸日粮按比例混合，可根据猪群生长性能来动态调整营养供给。2021 年减少氮排放 6.06 万吨，相当于减少 37.86 万吨蛋白使用，节省大豆约 108.17 万吨，节省土地 832.05 万亩，合计减排温室气体 11.11 万吨 CO_2e。相较于行业，牧原每头猪节省大豆 31.4kg。如果国内全面推广低豆日粮，每年还可节省 2000 万吨大豆，节省 1.5 亿亩的土地。

碳减排—无供热猪舍：牧原自 2014 年起探索应用无供热猪舍，在猪舍内部通过布风管将新风与待排放气体进行热量交换，再通过布风管传输至猪群活动区，增加废气排放中热量的回收，降低排风温度，减少猪舍热量散失。猪舍外部的隔热材料相当于又给大地盖上了一床被子，使猪舍在外界近 -40℃ 的极端环境且不直接消耗任何化石燃料的情况下，将内部温度保持在 22℃ ~ 25℃，让猪群生长在健康适宜的温度下，同时减少化石燃料燃烧产生的温室气体。相较于传统供热方式，2021 年减少煤炭使用 27.67 万吨，合计减排温室气体 71.94 万吨 CO_2e。该工艺当前已在东北、中部等区域全面推广落地。

甲烷减排—粪水密闭输送系统：牧原自 2016 年起采用"干清粪

工艺+密闭输送+固液分离+好氧堆肥+厌氧发酵处理+密闭储存"的方式，对畜禽粪污进行全链条密闭管控，使粪污从猪舍内部输送到后端处理时全程处于密封环境，减少甲烷的自然逸散，减少温室气体排放。当前所有场区已完成粪水密闭输送工艺升级改造。

甲烷减排——HDPE 防渗膜厌氧发酵工艺：牧原大规模应用 HDPE 黑膜建设厌氧发酵塘，通过用 HDPE 黑膜密封包裹厌氧塘，既为粪污发酵提供了厌氧环境，同时也起到了防渗防污染的作用，避免畜禽粪污发酵对大气和地下水造成污染（见图 5-1）。

图 5-1　黑膜防渗灭菌除臭系统

牧原自 2015 年起在生产单元的出风端安装灭菌除臭系统，通过集气室将舍内出风统一收集，废气经过除臭墙循环装置后，达到出风洁净无臭的目的（见图 5-2）。灭菌除臭系统对生产养殖过程中产生的废气进行管控，氨气去除率可达到 97.3%，2021 年相当于减排温室气体 9.64 万吨 CO_2e。当前所有场区已完成灭菌除臭系统升级改造。

图 5-2 猪舍灭菌除臭系统

节能—无害化处理热回收系统：病死畜禽无害化处理过程中，会通过蒸汽加热化机制加热隔板，对内部病死畜禽进行高温灭菌。在灭菌的过程中，蒸汽随之冷凝成 100℃ 冷凝水，通过疏水阀隔断蒸汽过滤掉冷凝水，通过回收管道及蒸汽回收机将冷凝水排入锅炉，回收冷凝水的热量。每处理 1 吨病死畜禽可以节约天然气 $8.3m^3$。

2）新能源开发利用

分布式光伏发电：搭建能源绿色管理体系，实现对能源的精细化管理和分级供给。通过节能设计、光伏发电，减少整厂对火电能源的消耗。光伏装机容量 151MW，年发电量 1.7 亿度，相当于减排温室气体 9.9 万吨 CO_2e。图 5-3 所示为内乡牧原肉食 5.8MW 分布式光伏发电。

3）资源循环利用

种养循环：养猪过程中产生的废弃物通过厌氧发酵无害化处理，生成有机粪肥，服务于周边农田，帮助农户增产增收。养殖粪水经固液分离后，液体部分进入黑膜沼气池/厌氧罐进行厌氧发酵，发酵后的沼液在沼液储存池进行暂存，于需肥时节经测土施肥，实现资源化

图 5-3　内乡牧原肉食 5.8MW 分布式光伏发电

利用。

2022 年合计：

①粪肥施用面积 526 万亩；

②减投增收年均合计 295.06 元/亩；

③改良盐碱地面积 22.44 万亩；

④沙漠化治理面积 7.2 万亩；

⑤土壤固碳总量 148.0 万吨 CO_2e。

沼气利用模式：牧原自 2007 年起探索应用沼气利用工艺，将养殖污水厌氧发酵后产生的沼气通过牧原自主设计的脱水、脱硫设备进行净化，再通过增压装置输送至饲料厂锅炉、无害化车间锅炉、场区沼气发电机及其他设备进行利用。图 5-4 为沼气资源化利用现场。2022 年沼气利用量为 2531.9 万 m^3，相当于替代 1519 万 m^3 天然气，减排温室气体 2.53 万吨 CO_2e。2008 年该工艺申报我国首个养殖场 CDM 项目并通过联合国核查组验收。

4）节能减排技术探究与实验

节能—阳光猪舍：牧原于 2021 年探索应用自然光照取代电灯照明的阳光猪舍工艺，在不影响猪舍密闭性和猪舍温度的情况下，将采

图 5-4　沼气资源化利用现场

光组件固定到猪舍顶部的固定组件，把太阳光导进猪舍内部，使猪群在密闭性猪舍内部还能照到阳光，高效利用自然光照射取代传统猪舍的电灯照明设施，减少电力能源消耗。相较于传统猪舍全部用电照明的方式，应用阳光猪舍技术的每个猪舍每天可节约电力 22.1 度，相当于减排二氧化碳 12.8kg。

节能—醇基节能供热模式：牧原将环保型醇基燃料应用到锅炉房、烘干房、厨房等多个供热场所，将锅炉供热方式由原本单一天然气供热模式升级为沼气、醇基燃料、天然气三者共用的供热模式，通过对热风炉及传统柴油工业暖风机的升级改造，来实现烘干房醇基节能供热，通过将厨房灶具更换为醇基燃料的灶具实现厨房的节能供热。根据当前工艺推广现状计算，平均每提供 1 万大卡热量，相较柴油可减少 2.62kg 二氧化碳排放，相较天然气可减少 1.17kg 二氧化碳排放。

（3）低碳管理与运行情况

牧原从全产业链进行工艺升级优化，促进绿色低碳发展，目前已做到一公斤猪肉碳排放 0.998kg CO_2e。

牧原发布的《牧原股份 2022 年绿色低碳行动报告》，是行业内首份绿色低碳行动报告。

（二）"秸秆沃土模式"促进土壤减排固碳

1. 基本情况

宾阳县作为广西农业大县，水稻、玉米、甘蔗等主要作物播种面积在 220 万亩以上，秸秆资源丰富，年产生秸秆量约 81 万吨，可收集利用量约 69.6 万吨。近年来，宾阳县以实施秸秆综合利用项目为依托，大力示范推广秸秆科学还田等综合利用技术，成功打造了"秸秆沃土模式"。宾阳县创新示范推广的"秸秆粉碎还田+腐熟剂"水稻秸秆快速腐熟还田技术，有效地解决了早稻秸秆水分含量高不宜离田加工利用，还田腐熟时间不足的难题。该技术通过对粉碎后的水稻秸秆喷施腐熟剂，加快秸秆腐解速度，缩短了秸秆腐解时间，不仅提高了还田效率，还有利于抢抓晚稻生产季节。该技术成本低廉、操作简易、效益明显，农民群众接受意愿较强，宾阳县 97% 以上的早稻秸秆通过推广应用该技术，既实现了土壤固碳减排和地力提升，又促进了水稻增产增收。

2. 主要做法

（1）建立长效运行机制

一是强化组织领导。成立全县秸秆综合利用工作领导小组，明确各部门工作职责，协调部署、指导推进秸秆综合利用工作，形成了"部门联动、齐抓共管"的工作格局。同时，组建专家指导组，加大指导培训力度，推动秸秆科学还田等技术集成和示范应用。二是建立生态补偿机制。把秸秆综合利用工作作为县"一把手"工程，出台《宾阳县秸秆综合利用"三合一"生态补偿机制》，形成了稻谷目标价格补贴、耕地地力保护补贴与秸秆综合利用补贴挂钩的"三合一""奖补罚"生态补偿长效机制，对进行水稻秸秆综合利用的农户，按规定及时发放稻谷目标价格补贴、耕地地力保护补贴和秸秆综合利用补贴；对焚烧秸秆或破坏耕地的农户，则取消当年稻谷目标价格补贴和耕地地力保护补贴。三是强化行政推动。注重发挥乡镇政府的工作推动作用和水稻种植大户的示范引领作用，每年与水稻种植大户签订《水稻秸秆综合利用承诺书》，对自觉实施秸秆综合利用的水稻种植大户给予适当的奖励。四是强化督查考核。将秸秆综合利用工作纳入年度农业农村重点工作考核内容，建立秸秆综合利用长效机制，健全督查考核机制、责任追究机制，确保措施有力、推进有序，顺利完成年度目标任务。

（2）创新示范推广秸秆科学还田技术

一是编制形成秸秆快速腐熟还田技术规程。在农业农村部农业生态与资源保护总站和自治区农业生态与资源保护站的指导下，宾阳县通过开展试验研究和收集各地优秀典型经验，创新总结出秸秆快速腐熟还田主要技术模式和方法，并编制形成秸秆还田技术规程，为秸秆还田工作提供科学理论依据和方法指导。秸秆快速腐熟还田技术通过人工机械或无人机喷洒外源有机物料腐解微生物菌剂（简称为腐熟剂），充分利用腐熟剂中大量木质纤维素降解菌，快速降解秸秆木质纤维物质，最终在适宜条件下，将秸秆分解矿化成简单的有机质、腐殖质以及矿物养分。该项技术简单易学、投入少、见效快，每亩成本投入大概 50 元。其技术要点为：在早稻收割以后，用人工机械或无人机喷洒的方式，每亩喷施腐熟剂 1～2kg，喷洒后对早稻秸秆直接翻压还田堆沤，堆沤 7～10 天就能让秸秆腐烂达80% 以上，为晚稻生产赢得了宝贵的时间。二是建立秸秆科学还田示范区。宾阳县大力开展"水稻秸秆粉碎+腐熟剂还田"技术示范区建设，涉及全县 13 个乡镇、15 个示范区，总面积达 8 万多亩，各示范区总结当地优势和技术特点，树立大型示范牌，集中展示秸秆快速腐熟还田技术成果，通过示范区形成良好的经验与模式，以易带难，逐渐将试点扩大到其他乡镇，最终实现全县广覆盖，目前全县97%以上的早稻推广应用秸秆科学还田技术。三是开展秸秆还田监测。在秸秆还田示范区布设秸秆还田生态效益监测点，开展秸秆还田效果监测与评价，为推进秸秆快速腐熟还田工作提供科学数据支撑。

（3）加大政策扶持力度

一是加大资金扶持力度。2019年以来，利用中央秸秆综合利用项目资金等1400多万元开展秸秆科学还田等综合利用工作，同时统筹利用稻谷目标价格补贴、耕地地力保护补贴、农机购置补贴等农业补贴政策，为秸秆综合利用工作提供有力的资金保障。二是编制规划方案。按照"政府引导、政策推动、市场运作、整县推进、产业发展"的工作思路，由县农业农村部门牵头，编制宾阳县农作物秸秆综合利用的"十四五"规划和各年度的宾阳县秸秆综合利用项目实施方案，总领全县推进秸秆综合利用工作。三是优化补助方式。出台政策补助"水稻秸秆粉碎+腐熟剂还田"技术示范区农户购买腐熟剂，补贴租用秸秆粉碎机、喷施腐熟剂作业费、无人机使用费等费用，示范区按示范面积40元/亩进行补助，其中无人机喷洒作业区域每亩额外补助20元。

3. 取得成效

一是秸秆还田面积不断扩大。秸秆快速腐熟还田等技术示范推广后，近几年全县秸秆还田面积不断扩大，2022年全县农作物秸秆还田面积约106万亩，其中应用早稻秸秆快速腐熟还田技术面积达42万亩，全县早稻秸秆粉碎还田率超过97%，形成了宾阳县"秸秆沃土模式"科学还田技术并在全区应用推广，目前全区早稻主产区80%以上水源充足地区推广使用该技术，实现了土壤固碳减排和地力提升。二是秸秆综合利用率显著提高。2022年，得益于秸秆科学还田技术的大面积推广应用，宾阳全县农作物秸秆综合利用率维持在

90%以上，相较于 2018 年提升了 10 个百分点，超额完成国家和自治区下达的工作任务。三是改善了生态环境。通过推进秸秆科学还田，主要农作物重点禁烧区域秸秆基本实现全域全量利用，有效杜绝了秸秆焚烧现象，既减少了秸秆乱堆放造成的面源污染问题，也减少了二氧化碳等温室气体排放，为固碳减排工作做出贡献。同时秸秆还田还可以增加土壤有机质和养分，减少下茬作物的化肥施用，一般每亩能减少 15% 左右的化肥施用量。四是促进了农业增产和农民增收。秸秆快速腐熟还田技术成本低廉、易于操作、农民接受意愿较强。还田效果监测和评价结果表明，该技术可帮助每亩晚稻的化肥投入减少 15%，每亩产量增加 5%～10%，实现降本增收约 150 元/亩，取得了显著的经济效益。宾阳县水稻秸秆作业现场见图 5-5 至图 5-6。

图 5-5 宾阳县水稻秸秆粉碎还田作业现场

图 5-6 宾阳县无人机喷施腐熟剂作业现场

（三）以沼气为核心的低碳种养循环示范区

1. 基本情况

江西坚持以推动粪肥安全增效还田、沼气园区/社区化就近利用为导向，深入开展绿色低碳种养循环农业试点，在 8 个县（市、区）建成"以沼气为核心的低碳种养循环示范区"。该类项目建设完成后，多出现减排固碳效果与设计预期差距较大等问题，究其原因主要为：①粪污收集质量不高——大量污水混入、转运过程损耗大、沼气生产可控性差；②沼气输配和供给的技术和装备水平不高，出现沼气逃逸、生产有效性不足等情况；③沼气被动态消纳的经济性较差——农村沼气的减排功效大幅降低；④沼气生产与消纳的时空差异较大，沼气的有效利用率不高。

鉴于此，该项目通过按品质收集农业废弃物、按园区/社区需求生产沼气、构建韧性沼气分布式微网和调控机制、组建粪污转运合作社等技术组合，优化了沼气工程的"产—储—用"过程管理，形成沼气/天然气（沼气脱碳后即可为天然气）按需生成、各环节可控的分布式燃气系统。最终，提升了工程的甲烷收集利用效率，实现了农村沼气工程运行减排固碳效益的大幅提升，基本形成了利用沼气技术实现粪污处理从而减排固碳的生态模式。

2. 主要做法

（1）原料保质增效

对沼气工程项目辖区内养殖场清粪设备、集污池等粪污收集系统进行专业化改造，确保粪污的高质量收集与养分能量高效固持；农村沼气工程根据区域粪污收集效率、碳排放收益和技术经济性，确定粪污收集处理的盈亏平衡点（总含固率为 5.3%~6.6%），对养殖场粪污按总含固率实行倒挂式阶梯收费，通常情况下，当总含固率低于3%时不处理，大于6%时处置费为 10~20 元/吨，大于10%时不收取处置费，大于16%时反补养殖场 15~40 元/吨运送费，保障原料收运工作的提质增效（见图5-7）。

图5-7 沼气工程按质进料

（2）燃气生产和供给

对工程沼气生产、储存和供给过程进行专业监测，改变生产天然气的消纳方式，直接根据沼气/天然气需求就近供给，通过优化沼气工程的"产—储—用"过程管理，形成沼气/天然气按需生成、各环节可控的分布式燃气系统，进而实现天然气销售价格的快速提升；基本达到沼气按需生成、合理设置储存容积避免沼气逃逸的目标，实现厂区甲烷无组织排放的大幅削减，实现"零碳"能源的高质替换（见图5-8）。

图5-8　燃气处理与按需供给

（3）粪肥对外销售和自行牧草种植等多种形式结合

围绕粪肥消纳，粪污处理中心利用周边边际土地，建设生态农场，开展牧草种植和加工，带动草食畜牧业发展，提升农业产值。固态粪肥按需直接对外销售；液态粪肥按30%对外销售、50%自用种植牧草、20%（富余或品质不好）赠送的原则，解决粪肥生产与农作物产生需求不匹配的矛盾，实现粪肥全量还田增效的目标（见图5-9）。

图5-9 沼液自用种植牧草

（4）农村合作社化的粪污转运

引导、支持农户成立粪污转运合作社，参与粪污收集运输、沼液肥施用、示范种植等工作，统一规划区域范围内的粪污、植物源农产品加工废弃物等，按照处理中心的用料需求，科学合理转运高品质农业废弃物至集中处理中心供沼气生产，减少农业废弃物在转运过程中的停留时间及其产生的甲烷排放。粪污转运合作社通过收集高品质农业废弃物，转运沼渣沼液，实现粪污收集与粪肥销售一体化，既能在节省转运成本的同时，提升经济可行性，也能在做强农业经营主体的同时，促进当地营养物质生态良性循环，减少温室气体排放（见图5-10）。

需要注意的是，畜禽粪便转运与储存时间不宜超过24小时；沼气工程应具有有效沼气生产、储存和供给调配能力，避免沼气逃逸或者露天焚烧。

图 5-10　农村粪污转运合作社

3. 取得成效

该方法的实施使区域畜禽粪污能源化利用率提升 15% 以上，能源化率提升 20%~30%，沼气工程区内甲烷无组织排放的问题得到基本解决；沼气工程运行可实现自身净减排量 0.3 吨 CO_2/（年·m^3 发酵容积）；同时，还可实现粪污管理优化，获得化肥替代的外延减排效益 [2~3 吨 CO_2/（年·m^3 发酵容积）]。在推动农业园区/农村社区"零碳"能源高质使用的同时，使沼气工程运行收益提升 60% 以上，燃气价格也由 1.68 元/m^3（管网收购门站价）提升至 3.0~3.2 元/m^3（燃气直销价格），直接供给园区后，粪污处理量也由不足 100 吨/天增至 400 吨/天，能源出售已成为最主要收入来源，年净收入达 300 多万元。

沼气的就近园区化消纳，在保证沼气有效消纳的同时，实现了农村产业园区的高质脱碳。农业废弃物处理中心和粪污转运合作社都实现了盈利和可持续发展。综合而言，工程已经基本走通了农业废弃物收集处理、沼气就近高质替代化石能源、沼渣沼液科学还田利用的途径，区域化农业废弃物处理的能源生态模式已经基本形成。

二　海外农业研究中心青年创客坊"绿色低碳农业"典型案例

继 2022 年成功举办食物减损青年主题创客坊后，2023 年中国农科院与联合国粮农组织共同举办了第二届青年创客坊活动。2023 年度创客坊以"绿色低碳农业"为主题，旨在提高青年人对减排固碳、"双碳"目标、农业绿色可持续发展的认识，推动我国优势技术、产品和模式更好地服务于国家"双碳"目标。本报告优选了我国生物质低碳利用、碳中和蔬菜工厂两个典型案例，简介如下。

（一）生物质炉具推动乡村居民清洁取暖

1. 案例背景与地点

我国北方农村清洁取暖问题备受关注。一方面，政府投入大量资金支持清洁供暖技术不断创新，降低农民清洁供暖投入成本，据统计，2016~2019 年各级财政和社会资本累计投入专项资金 2000 多亿元；另一方面，随着宜居宜业和美丽乡村的深入推进，农村生态环境建设与经济发展齐头并进，清洁能源取代传统取暖方式是实现"双碳"目标的必然发展趋势。当前，我国北方约有 1.86 亿农户（37.2 万个农村），其中就地取材燃煤供暖占比超过 65%，每年取暖季节北方空气质量下降、取暖引发的安全事故增加、林木乱砍滥伐现象严重等问题凸显。为了促进北方农村清洁取暖，提高农民的生活品质和保护农村生态环境，华彤炉具有限公司（以下简称"华彤公司"）在河北省遵化市娘娘庄乡李庄子村试验试点，成功探索出清洁取暖的

"遵化模式"。

李庄子村地处山区，地势起伏较大，居民散居，不具备统一煤改电、煤改气条件，原来推广的生物质炉具又由于结焦及颗粒料价格高而基本处于完全闲置甚至拆除变卖状态，返煤、返柴现象极为普遍。2021年，华彤公司联合当地集体经济组织，在李庄子村捐建有机废弃物集中处理站1座；免费对134户在村住户全部进行清洁取暖设施改造，实现农林废弃物不出村，探索出了"民收集、站处理、户取暖、肥还田、投入少、可推广"的"遵化模式"。华彤炉具解决了频繁加料、温度不定、煤气中毒等突出问题，同时因其洁净卫生、取暖成本低而广受欢迎，相较当前其他清洁取暖方式具备明显的推广优势。

2. 案例开展的工作和采取的技术措施

（1）建设农村有机废弃物集中处理站

在距离农户生活区和农业生产区半径不超过1公里的圆心处，建设1座农村有机废弃物集中处理站（见图5-11），主要设备是有机废弃物粉碎机1台、有机废弃物松散颗粒压缩机1台、原料预混机1台。利用专用设备将秸秆、树枝、果皮等废弃物预混成平均含水分16%的原料，满足制作松散颗粒的需求，压缩后得到含水分小于10%的松散颗粒。颗粒的压制设备压缩比为1∶2，而市场标准颗粒设备压缩比为1∶7，加工能耗在生产标准颗粒能耗的一半以下，大大降低了生物质原料加工成本。

（2）创新生物质炉具清洁燃烧技术

由于秸秆等废弃物制作燃料时具有高灰分、高杂质的特点，普通的生物质炉具不能充分燃烧，需要利用高性能的炉具进行燃烧。2019年以来，华彤公司累计投资1130万元建立"产学研"多方协作、紧密联系的合作模式，依托高校科研院所的技术和人才优势创新生物质炉具燃烧技术，并将理论运用于实践，在李庄子村开展试点试验

图 5-11　李庄子村有机废弃物集中处理站

工作。

　　华彤公司实现炉具技术创新主要体现在以下四个方面。一是创新垂直沉降式下料技术解决了松散颗粒进料难的问题。该炉具结构经过进一步简化，不依赖于电子程序控制进料，下方的气化室通过燃料的自然沉降获得足够的燃烧物料，避免了多进、少进或者进料不均的现象。二是创新辐射式短距离除焦技术。生物质燃烧过程中产生的焦油通过燃烧区的高温碳层，将大分子焦油裂解为小分子可燃气，可用燃料的灰分由 2% 提高至 20%，使秸秆废弃物制成的燃料稳定燃烧取暖成为现实。三是创新生物质燃气过炽热碳层时去除焦油的技术。位于炉具锥形漏斗底部空间的燃料，持续产生的可燃气通过燃烧托盘上炽热的碳层（约 950 度）时，全部被分解成小分子可燃气体再次燃烧，彻底解决了传统炉具除焦油难的问题。四是创新炉具采用仓内密封燃烧方式，解决了安全隐患问题。炉具采用仓内密封燃烧方式，保障使用者的绝对安全，保持使用环境干净（见图 5-12）。

　　（3）废弃物加工再利用变成清洁燃料

　　有机废弃物集中处理站不仅可以加工农林废弃物，还能实现农村生活垃圾再利用。农民将收集起来的生活垃圾和农林废弃物送到有机

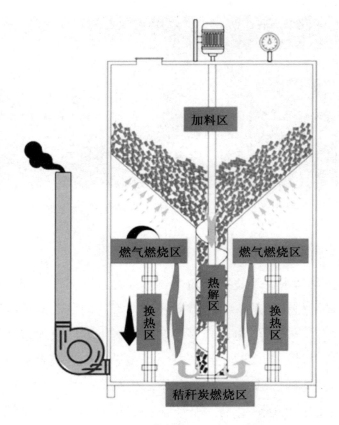

图 5-12　有机废弃物集中处理站

废弃物集中处理站，自行压制成清洁的生物质颗粒。由村集体负责经营管理的有机废弃物集中处理站具有一定的公益性，加工费用远低于市场价格，村民带料加工费用 200 元/吨，户均取暖季大约需要 2 吨生物质燃料，相比较传统取暖方式能够降低农户取暖成本约 80%。同时，采用生物质取暖能使单个供暖季内平均每户减少 CO_2 排放量 3 吨，减排效果十分显著。李庄子村村民依靠生活垃圾和农林废弃物，完全实现清洁燃料自给，其中秸秆是最主要的原材料，占比超过 65%。

（4）生物炭还田实现农业绿色生产

根据实地调研数据，李庄子村年户均产生的生物炭约 1200 斤，100 斤生物炭还田的功效相当于 85 斤左右的化肥，生物炭还田还实现了土壤的固碳负碳，缓解了土壤板结和土壤有机质流失等问题。李庄子村村民冬季取暖产生的生物炭约 16 万吨，折合成化肥有 13.7 万吨，能够覆盖 2000 多亩地，农业生产成本明显降低，农产品品质提高，实现了农业绿色生产。

（5）清洁炉具应用于设施农业生产

华彤公司在李庄子村清洁取暖试点成功后，又积极探索设施农业取暖。利用草莓种植园试验取暖的现实效果，发现华彤炉具不仅提高了草莓品质，还从多渠道增加了果农收入。以一亩草莓采摘棚为例：用柴油炉取暖每天费用 230 元；安装华彤取暖炉每天费用 40 元，夜间温度比之前提高 2 摄氏度。使用 90 天华彤取暖炉可节省燃料费用 1.8 万元，草莓提前上市可多收入 2 万元，一亩地草莓能多创收 3.8 万元。同时，草莓采摘棚广泛收集生物炭用于草莓种植，提高了草莓品质（见图 5-13）。

图 5-13　草莓大棚清洁取暖

3. 案例取得的主要成果

（1）降低农户取暖成本和缓解政府财政压力

根据调研，农户户均生物质取暖、煤取暖、电取暖、燃气取暖成本分别为 400 元、1400 元、500 元、1700 元（见图 5-14），显然生物质取暖成本最低。李庄子村生物质取暖平均室温保持在 17.8 摄氏度，每户消耗燃料约 2 吨，每吨燃料加工费用约 200 元，因此总体成本仅有 400 元。农户取暖原材料主要是生活垃圾和农林废弃物，经过加工后实现资源化利用，"变废为宝"，直接节省了农户购买生物质燃料的费用。华彤生物质取暖只需要建造价值 30 万元的燃料处理站，户均炉具 0.3 万元/台，可以满足 500 户在村居民取暖需要，相比煤炭运输、供电设施、天然气管道等基础设施建设投入是最低的，大大减轻政府财政压力。

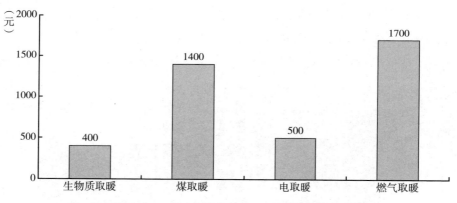

图 5-14　不同取暖方式下户均取暖成本情况

（2）改善农村生活环境和提高农民生活品质

相较于城市，农村居民居住分散且没有污水处理系统，生活垃圾处理系统相对滞后，大量农林废弃物堆积，不仅影响村容村貌，还不利于提高农民生活品质。华彤炉具的广泛应用能够从多个方面改善农村生活环境，提高农民的生活品质。一是直接实现清洁取暖，NO_2 和

SO_2实现零排放，能够降低北方取暖季 $PM_{2.5}$ 值 20%~30%；二是通过"变废为宝"实现生活垃圾和农林废弃物再利用，直接改善农村生活环境；三是燃烧后的剩余物生物炭可以直接还田，能够取代化肥。总之，华彤炉具清洁取暖是一个"资源清洁利用"的循环模式，将污染物转化为清洁燃料进行取暖，不产生任何的污染物排放，取暖后产生的废渣（生物炭）能够直接还田作为有机肥料。

4. 案例总结

华彤公司与李庄子村合作开展清洁取暖试验试点，公司出资捐建有机废弃物集中处理站 1 座，出资对 134 户在村住户全部进行清洁取暖设施改造，实现农林废弃物不出村，探索出了"民收集、站处理、户取暖、肥还田、投入少、可推广"的"遵化模式"，该模式具有洁净卫生、取暖成本低、废弃物再利用、美化乡村环境、提高农民生活品质等特征，相较当前其他取暖方式具备明显的推广优势。华彤公司仍在不断改进清洁取暖技术，线上线下宣传推介华彤清洁取暖理念，广泛参与社会公益活动，提升社会责任感，希望能够通过李庄子村清洁取暖试验试点，对农村清洁取暖形成示范效应，推动我国北方农村清洁取暖改革进程，不断改善中国北方农村取暖现状。

（二）"碳中和蔬菜工厂"铸就低碳发展之路

1. 案例实施的背景和地点

自工业革命以来，工业发展造成的温室气体过量排放导致全球气温不断升高，世界各地的高温、冰雹、暴风、干旱、洪水等极端天气对人类生存造成了严重的影响，因此需要用更低碳、环保、可持续的方式来实现农业的工业化生产，这一方面可以发挥农业碳汇作用，另一方面可以使农业具有可控性，在异常天气时为人类提供良好的应急蔬菜保障。

蔬菜工厂模式可以高效地生产更安全的蔬菜（如番茄），同时节约大面积的土地。能源问题是现代农业的核心问题，能源的成本是影响产业发展的重要因素，此外，二氧化碳排放与蔬菜产量和品质的提升有密切相关性，因此本项目创新性地提出了利用工业余热控制蔬菜工厂环境温度的方案，将发电厂燃烧煤炭产生的二氧化碳引入蔬菜工厂，这有利于实现工业和农业的产业融合。

河南省辉县市对上述模式进行了实地验证，团队利用辉县市孟庄镇孟电火力发电厂的工业空地，建设完成一座碳中和主题的蔬菜工厂，在冬季，将火力发电厂产生的余热用来供暖；在夏季，利用溴化锂热取冷技术产生冷水对蔬菜工厂进行降温，并将火力发电厂排出的二氧化碳输入蔬菜工厂，用来提高植物的光合作用效率。该蔬菜工厂利用智能软件，计算光照强度、温湿度以及二氧化碳浓度，从而形成了一套自动化二氧化碳供应系统。

2. 案例开展的工作和采取的技术措施

（1）主要建设内容

项目建成了25000平方米的水木碳中和蔬菜工厂、2400平方米的富碳农业科创中心以及500平方米的水木柔性能源岛。

1）建设有实现全年连续生产的水木柔性能源岛。水木柔性能源岛在冬季利用火力发电厂产生的余热，通过热能源交换系统对蔬菜工厂进行加温；在夏季利用溴化锂热取冷技术产生冷水，对蔬菜工厂进行降温，从而实现全年连续生产。

2）建设有工业二氧化碳补充系统。火力发电厂燃煤产生的烟道尾气经过处理之后，能够通过二氧化碳补充系统均匀地释放到蔬菜工厂各个区域，从而将二氧化碳浓度提升到植物生长所需要的1000~1200ppm的最佳状态，最终实现蔬菜增产15%~20%。

3）建设有半封闭环境控制体系。利用该系统实现蔬菜工厂内部各项环境因子均衡，实现用更低的能耗产生更理想的环境控制效果，为作物提供更适宜的生长环境。

4）项目建设有数字智能环境控制体系。通过以传感器、摄像头等设备为基础的物物相联，根据已经设定的模型和部分参数，监测蔬菜工厂内部环境的温度、湿度、光照的变化以及蔬菜的生长状况，自动地感知、识别和采集数据，并将数据实时传导到中央控制室进行处理，然后根据设定的模型输出计算结果和操作指令，从而实现部分自动化和智能化操作。

5）智能灌溉系统采用水肥一体化灌溉方式，可节约90%的用水和肥料，系统可结合当日光照情况、空气温度湿度，配合作物监控体系观察作物的蒸腾作用与光合作用进行情况，再根据作物生长需水量和需肥量进行精准灌溉，以保障作物对水分和营养元素的吸收。

（2）项目运行机制

项目充分利用火力发电厂产生的低温余热为蔬菜工厂进行能源供应，解决蔬菜工厂冬季升温补温问题，并利用热取冷技术解决夏季降温问题，从而实现全年连续运维生产，火力发电厂燃烧煤炭产生的二氧化碳经过脱硫脱硝净化后，能够均匀释放到蔬菜工厂，为作物提高光合作用效率提供气肥，从而实现蔬菜增产15%~20%。水木碳中和蔬菜工厂全年生产欧盟品质大番茄超过1200吨，创下国内大番茄每平方米产量达到55公斤的纪录。

3. 案例取得的主要成果

（1）火力发电厂的余热和能源岛的应用，可实现低能耗低成本的环境管控，进而实现全年连续运维生产。

（2）标准化：实现建设、生产运维以及农产品销售流程的规范化，使得项目具有很强的可复制性和可推广性。

（3）智能化：智能化体系能够通过数据反馈，不断迭代升级，并具有学习、自适、改善和优化的决策能力。

（4）数字化：项目涵盖了从定性到定量的范畴，改变传统农业粗放式的、靠天吃饭的不可控状态，对生长环境数据、产量数据以及生产过程中的耗水、用肥、人工以及能源消耗完全进行数字化管控，为提高生产效率、降低运营成本提供指导依据。

（5）即时性：软件系统具备自动获取实时传输的数据信息，可及时反馈蔬菜生长环境状态，并根据环境变化进行及时的控制策略调整。

（6）可视化：水木蔬菜工厂将采集数据直观、便捷地呈现在生产者与管理者面前，便于其了解整体情况，及时规划和指导工作。

（7）安全性：水木蔬菜工厂生产的蔬菜在品质上可达到欧盟标准，做到真正的安全、健康；其单位面积产量是传统生产方式的30～40倍，生产效率发生了质的飞跃，40亩蔬菜工厂全年可生产欧盟品质的大番茄超过100万公斤。

（8）可持续性：项目根据作物模型建立了数字农业碳测量方法，制定了未来农业碳指标，创造了可交易的农业碳资产。40亩蔬菜工厂全年直接固碳超过2000吨，通过利用余热资源、节水节肥、不使用农药和激素、短半径物流销售等方式间接节碳、减碳超过2万吨。

4. 案例总结

在全球气候变暖的大背景下，水木碳中和蔬菜工厂探索出了一条工农业融合可持续发展路径，形成了工业企业的利润新增长点，而蔬菜工厂获得了能源支撑，更加稳定和高产，有助于为农业生态贡献碳价值，支持农业经济生产。

水木碳中和蔬菜工厂通过与电厂的融合合作，充分利用余热资源和二氧化碳尾气，可以让作物的产量增长30%，能源保障使得番茄采摘周期从大田的1个月延长到10个月，产量达到国际SGS飞行抽检最高指标，每年每平方米可生产番茄50公斤，全年可生产欧盟品质的大番茄超过100万公斤。主要营养价值指标高于传统标准4倍以上，用水从160L/kg降低到8L/kg，用人从1200人降低到10人，每亩产出从 1 万元提升到 100 万元。践行"绿水青山就是金山银山"的理念，推动蔬菜工厂农业碳中和，每 40 亩蔬菜工厂的固碳能力相当于 4 万亩原始阔叶林，全年直接固碳超过 2000 吨，通过利用余热资源、节水节肥、不使用农药和激素、短半径物流销售等方式间接节碳、减碳超过 2 万吨，相当于 0.3 亿度绿色电能及 8000 亩光伏所发的电能。蔬菜工厂的生态价值远超经济价值，是可推广可复制的项目。

图书在版编目（CIP）数据

中国农业农村低碳发展报告.2024／中国农业科学院农业农村碳达峰碳中和研究中心，中国农业科学院农业环境与可持续发展研究所，农业农村部农业农村生态环境重点实验室编著.--北京：社会科学文献出版社，2024.8

ISBN 978-7-5228-3344-6

Ⅰ.①中… Ⅱ.①中… ②中… ③农… Ⅲ.①节能-农业经济发展-研究报告-中国-2024 Ⅳ.①F323

中国国家版本馆 CIP 数据核字（2024）第 049766 号

中国农业农村低碳发展报告（2024）

编　　著／中国农业科学院农业农村碳达峰碳中和研究中心
　　　　　中国农业科学院农业环境与可持续发展研究所
　　　　　农业农村部农业农村生态环境重点实验室

出 版 人／冀祥德
责任编辑／任文武　郭文慧
责任印制／王京美

出　　版／社会科学文献出版社·生态文明分社（010）59367143
　　　　　地址：北京市北三环中路甲 29 号院华龙大厦　邮编：100029
　　　　　网址：www.ssap.com.cn
发　　行／社会科学文献出版社（010）59367028
印　　装／三河市东方印刷有限公司

规　　格／开　本：787mm×1092mm　1/16
　　　　　印　张：15.5　字　数：205 千字
版　　次／2024 年 8 月第 1 版　2024 年 8 月第 1 次印刷
书　　号／ISBN 978-7-5228-3344-6
定　　价／98.00 元

读者服务电话：4008918866